JANINE FISCHER

MIT EINER PRISE LIEBE

JANINE FISCHER

MIT EINER PRISE LIEBE

DAS FAMILIENKOCHBUCH

VIELSEITIGE REZEPTE FÜR GROSS UND KLEIN

Community EDITIONS

VORWORT

HALLO IHR LIEBEN!

Ich freue mich, dass ihr dieses Buch in den Händen haltet. Es steckt ganz viel Arbeit, aber natürlich auch eine Menge Liebe drin und ich bin unglaublich stolz darauf. Vor allem meine Mama hat mich bei der Arbeit an diesem Kochbuch unterstützt. Meine Familie ist für mich das Wichtigste auf der Welt! Als Content Creatorin, die neben Lifestyle-Themen auch täglich Rezepte auf Instagram postet, und als Mutter von zwei Kindern, lag es für mich nahe, ein Familienkochbuch herauszubringen.

Ich weiß, wie stressig es sein kann, im Familienalltag etwas zu kochen, das schnell und einfach geht, dabei möglichst auch preisgünstig und vor allem natürlich lecker ist und allen schmeckt – ob Groß oder Klein. Dieses Kochbuch hilft euch dabei.

Als ich Mitte 20 war und von zu Hause ausgezogen bin, fing ich an, für mich selbst zu sorgen, und habe die Liebe zum Kochen entdeckt. Die meisten Gerichte habe ich ohne ein festes Rezept »frei Schnauze« zubereitet – genau wie meine Mama. Seit ich denken kann, kocht sie ohne Rezepte. Das ist einerseits großartig, weil es einem einen gewissen kreativen kulinarischen Freiraum gibt, andererseits musste ich aber feststellen, dass es ohne genaue Mengenangaben unmöglich ist, ein Gericht nachzukochen. Meine Mutter konnte mir nie genau sagen, wie viel von welcher Zutat wo hineinkommt, da sie die Zutaten und Mengenangaben nie notiert hatte. Deshalb habe ich sie eines Tages gebeten, ihre Rezepte für mich aufzuschreiben, damit sie nicht verloren gehen. Damit war die Idee für dieses gemeinsame Kochbuch geboren!

Heute koche ich auch ab und zu für meine Mama – ebenfalls nicht unbedingt nach einem Rezept, aber immer mit der allerwichtigsten Zutat: einer Prise Liebe!

Viel Spaß beim Nachkochen und lasst es euch schmecken,

eure *Janine*

KAPITEL 04

104 DIPS & SNACKS

KAPITEL 05

122 BEILAGEN & SALATE

KAPITEL 06

138 FÜR DEN SÜSSEN ZAHN

Meal Prep: Rezepte, die gut fürs Vorkochen geeignet sind

Einfrieren: Gerichte, die sich gut einfrieren lassen

Fürs kleine Budget: Rezepte mit günstigen Zutaten

Obst und Gemüse sollte vor der Verarbeitung gründlich gewaschen werden.

MEINE GESCHICHTE

Wenn ich an Essen denke, verbinde ich das immer mit meiner Mutter und meiner Kindheit. Meine Mama hat mich alleine großgezogen und war selbstständig, was sicher nicht immer einfach war. Dennoch hat sie großen Wert darauf gelegt, dass jeden Tag etwas Frisches und Leckeres auf den Tisch kam. Die gemeinsamen Mahlzeiten waren ein sehr wichtiger Bestandteil unseres Alltags, auch wenn die Gerichte manchmal aus Zeitmangel einfach waren und nur aus wenigen Zutaten bestanden. Oft gab es auch Reste, die verwertet werden mussten. Bei meiner Mama wurde nie etwas weggeworfen, da sie in sehr bescheidenen Verhältnissen im ehemaligen Jugoslawien aufgewachsen ist und Hunger kennengelernt hat.

Meine Mutter hat in ihrer Kindheit erlebt, was es bedeutet, nicht genug zu essen zu haben. Die Armut und Not in ihrer Heimat haben sie geprägt und sie eine große Wertschätzung gegenüber Lebensmitteln gelehrt. Aus diesem Grund hat sie in unserem Haushalt immer darauf geachtet, dass nichts weggeworfen wird und Reste zu neuen Gerichten verarbeitet werden. Von ihr habe ich gelernt, nichts zu verschwenden und kreativ zu sein, um aus übrig gebliebenen Nahrungsmitteln neue kulinarische Köstlichkeiten zu zaubern.

Ich denke, diese Erfahrungen haben mich gelehrt, dass Essen mehr als nur Nahrungsaufnahme ist. Essen verbindet Menschen und schafft Erinnerungen. Jedes Gericht erzählt eine Geschichte – die Geschichte der Zutaten oder die der Menschen, die es zubereiten und genießen. Daher bin ich meiner Mutter mit ihren Kochkünsten sehr dankbar. Sie hat mich nicht nur satt gemacht, sondern mir auch eine Wertschätzung für das Essen und die Menschen, die es zubereiten, vermittelt. Und ich bin froh, dass ich diese Werte und Traditionen an meine Kinder weitergeben kann. Bei uns wird täglich frisch gekocht – manchmal mit mehr und manchmal mit weniger Aufwand, aber immer mit viel Liebe. Und ganz oft nach den Rezepten, die meine Mutter für mich aufgeschrieben hat, und die ich unbedingt in einem gemeinsamen Generationen-Kochbuch verewigen wollte.

Bis zu meinem Auszug aus dem Elternhaus hatte ich mit Kochen nicht wirklich viel am Hut, das hat meine Mama übernommen. Natürlich habe ich ab und zu mitgeholfen, z. B. beim Plätzchenbacken vor Weihnachten oder beim Kochen an Festtagen, aber für mich alleine gekocht hatte ich zu dem Zeitpunkt noch nicht. Erst als ich mit 25 Jahren meine erste eigene Wohnung in der Schweiz bezog, um meinem Beruf nachzugehen, fing ich damit an. Ich lernte meinen Mann kennen und wir bekamen zwei wundervolle Kinder. Während meiner Schwangerschaft 2015 erstellte ich dann einen Instagram Account. Ich wollte mit meinen Freunden meine Schwangerschaft teilen und nahm sie wie in einem Schwangerschaftstagebuch mit auf meine Reise. Dass mir auf Instagram mit der Zeit immer mehr Menschen folgen, ich größere Reichweite aufbauen und als Content Creatorin erfolgreich sein würde, hatte ich nie geplant.

Heute teile ich auf Instagram immer noch unseren Familienalltag, darunter auch Rezepte. Das Kochen entwickelte sich zu einer Leidenschaft und so haben sich mittlerweile viele Rezepte angesammelt. Ich liebe es, andere Menschen damit zu inspirieren. Deshalb war solch ein Kochbuch schon lange ein großer Traum von mir. Etwas in der Hand halten zu dürfen, das ich für andere Menschen gemacht habe – ein Buch voller leckerer Rezepte für schnelle und einfache Gerichte, die der ganzen Familie schmecken.

KINDERN GEMÜSE SCHMACKHAFT MACHEN

Meine Kinder essen nicht gerne Gemüse. Und schon gar nicht, wenn man es auf dem Teller deutlich erkennen kann. Deshalb habe ich es mir zur Aufgabe gemacht, ein bisschen zu schummeln und sie mit kleinen Tricks zu überlisten, damit sie doch noch die ein oder andere Paprika oder etwas Brokkoli zu sich nehmen. Das Problem mit Gemüse bei meinen Kleinen beginnt, wenn ich das Kind beim Namen nenne. Deshalb mein Tipp an alle Eltern: Einfach nicht erwähnen, dass Gemüse im Essen ist!

GEMÜSE UNSICHTBAR MACHEN. Das funktioniert sehr gut mit Suppen, für die gekochtes Gemüse püriert wird. Getoppt mit ein paar Backerbsen ist das bei uns der absolute Garant, dass der Teller am Ende leer gelöffelt ist.

ZAUBERT EINE GESCHICHTE DRUMHERUM! Ich habe meinen Kindern z. B. erzählt, dass Brokkoliröschen kleine Bäume sind. Oder dass sie so stark wie ihre Superhelden werden können, wenn sie Gemüse essen. Ihr könnt den Gerichten coole oder lustige Fantasienamen geben, so ist bei uns die Gurkensuppe (siehe Seite 48) die »Dinosauriersuppe«, die schon damals alle Dinos gegessen haben, um riesengroß zu werden.

DIP IT! Um die Bitterstoffe im Gemüse auszugleichen, könnt ihr euren Kindern zum Gemüse einen Dip anbieten. Wie wäre es z. B. mit einem Sauerrahmdip zu Ofengemüse? Dippen macht Spaß und so schmeckt das Gemüse gleich viel besser!

DAS AUGE ISST MIT! Richtet Gemüse doch mal auf spielerische oder kreative Weise an: Rohkost könnt ihr auf einem Teller zu lustigen Gesichtern auslegen, mit Keksausstechern lässt sich Gemüse für die Brotdose aufpimpen.

Und wenn eure Kids ein bestimmtes Gemüse nicht mögen, dann ist das auch kein Grund zur Sorge, solange sie überhaupt Grünzeug essen. Wir Großen mögen ja auch nicht immer alles!

RESTE-VERWERTUNG

Wenn es jemanden gibt, der niemals Essen wegwerfen würde, dann meine Mama. Als ältestes Geschwisterkind von sieben Kindern ist sie in einfachen Verhältnissen in Jugoslawien aufgewachsen und nicht immer sind alle satt geworden. Daher weiß sie, was es heißt, Hunger zu haben und schätzt ihr Essen ganz besonders. Sie würde es niemals übers Herz bringen, einfach etwas wegzuwerfen. Genau das hat sie mir stets ans Herz gelegt, und selbst wenn wir heute das Privileg genießen, jeden Tag etwas Warmes auf dem Teller zu haben und uns sogar aussuchen können, was wir essen wollen, versuche ich meinen Kindern zu vermitteln, dass das nicht selbstverständlich ist.

Wer Lebensmittelverschwendung vorbeugen möchte, kommt um eine gute Essensplanung nicht herum. Macht also am Anfang jeder Woche einen Speiseplan für die kommenden Tage. Dabei ist es hilfreich, wenn die Gerichte ähnliche Zutaten enthalten, denn dann könnt ihr die Reste am Folgetag prima für das nächste geplante Gericht verwerten. Schreibt euch vor dem Einkaufen unbedingt eine Einkaufsliste und haltet euch auch daran. Spontankäufe sind oft überflüssig und landen dann am Ende im Müll. Mit einer Einkaufsliste kauft ihr nur das, was ihr auch wirklich braucht. Ganz wichtig: niemals hungrig in einen Supermarkt gehen, denn dadurch steigt das Risiko für Spontankäufe, die aus purer Lust heraus entstehen.

HIER BEKOMMT IHR NOCH EIN PAAR ALLTAGSTIPPS:

01 Alte oder bereits **harte Brötchen** könnt ihr mit einer Gemüsereibe ganz einfach zu Semmelbröseln verarbeiten.

02 Den **Strunk vom Brokkoli oder Blumenkohl** oder auch die **Blätter vom Kohlrabi** muss man nicht wegwerfen – all das lässt sich wunderbar in einer Suppe mit dem restlichen Gemüse fein pürieren. In den Blättern stecken zusätzliche Vitamine, die auf diese Weise nicht verloren gehen.

03 **Gekochte Nudeln vom Vortag** kann man für einen Nudelsalat verwenden oder mit etwas Fleischwurst in einer Pfanne mit Butter anbraten. Eine der Leibspeisen meiner Kinder!

04 Aus **Obstresten** könnt ihr leckere Smoothies machen. Oder wie wäre es mit einer feinen Nicecream? Dafür püriert ihr TK-Obst, falls nötig mit einem kleinen Schuss Wasser oder Milch, zu einer cremigen Eismasse. Aus überreifen Bananen lassen sich leckere Brownies oder Bananen-Pancakes zaubern.

05 Aus **Resten von einzelnen Gemüsesorten** kann man eine Suppe oder Ofengemüse mit einem leckeren Dip machen.

06 Schnappt euch übig gebliebene **Schoko-Osterhasen oder -Nikoläuse**, lasst die Schokolade mit etwas Kokosfett im Wasserbad schmelzen und macht daraus Knusperflakes! Dafür gebt ihr Cornflakes oder eure Lieblingsnüsse in die flüssige Schokolade und formt daraus kleine Plätzchen, die ihr dann auf einem Backblech abkühlen und aushärten lasst. Ein leckerer Snack für zwischendurch!

07 Aus **Eierschalen und Kaffeesatz** stellt ihr den allerbesten Pflanzen- und Blumendünger her. Dafür einfach die Eierschalen klein hacken und mit dem Kaffeesatz vermengen. Probiert es aus!

Werft einen Blick auf das Zutatenregister ab Seite 170! Wenn ihr Lebensmittel verwerten müsst, könnt ihr dort nachschauen, in welchen Rezepten sie vorkommen!

FÜRS KLEINE BUDGET

Damit es gut schmeckt, muss man nicht unbedingt tief in die Tasche greifen! Oft lassen sich aus nur wenigen Zutaten, aber auch aus Resten sehr leckere und schnelle Gerichte zaubern, wie z. B. meine Gurkensuppe (siehe Seite 48).

01 Schon im Supermarkt kann man mit ein paar einfachen Tricks Geld sparen. Ich versuche so oft es geht **regional und saisonal** einzukaufen und greife auf Lebensmittel zurück, die aus der näheren Umgebung kommen und zur richtigen Jahreszeit geerntet werden, wie z. B. im Winter Grünkohl oder Rosenkohl. Wenn man die **Angebote in den Supermärkten** verfolgt, kann man dementsprechend den Speiseplan gestalten. Sehr hilfreich ist es dabei auch, vorher ein **Budget für den Einkauf** festzusetzen, um nicht unnötig das Portemonnaie zu belasten.

02 Bei uns gibt es einmal in der Woche einen Großeinkauf mit **Einkaufsliste**, nur Obst und Gemüse besorge ich bei Bedarf noch mal frisch. Das hilft mir dabei, nicht mehr einzukaufen, als wir brauchen.

03 **Eigenmarken** der Supermärkte oder **No-Name-Produkte** sind meistens genauso hochwertig wie Markenprodukte, jedoch oft um einiges günstiger. Sie stehen im Supermarktregal aber meistens nicht auf Augenhöhe, sondern entweder ganz oben oder unten.

04 In manchen Supermärkten wird **leicht verderbliche Ware** kurz vor Ladenschluss **preisgünstiger** angeboten. Aber auch solche Produkte lassen sich – je nach Zustand und Haltbarkeit – meist noch ein oder zwei Tage im Kühlschrank aufbewahren.

05 Wer einen Garten hat, kann **Gemüse und Kräuter selbst anbauen** und damit Geld sparen. Außerdem macht es Spaß, mit den Kindern einen kleinen Kräutergarten oder eine Kräuterspirale für den Balkon anzulegen und diese wachsen zu sehen bis zur späteren Ernte.

MEIN VORRAT ZU HAUSE

Einen kleinen Vorratsschrank zu haben, ist schon etwas Feines, denn wenn es mal wieder ganz schnell gehen muss oder wenn man es nicht geschafft hat, einkaufen zu gehen, hat man im Notfall immer etwas zu Hause, um ein leckeres Essen auf den Tisch zu zaubern. Dabei solltet ihr darauf achten, dass die Lebensmittel für den Vorrat lange haltbar sind, und die Bestände immer mal wieder überprüfen, damit am Ende nicht doch etwas weggeworfen werden muss.

Immer zu Hause vorrätig habe ich kohlenhydrathaltige Basics wie zum Beispiel **Kartoffeln, Reis, Nudeln (Spaghetti, Lasagneblätter, Fusilli, Penne), Wraps** sowie **Mehl**. Im Kühlschrank findet man bei uns immer **Eier** und **Milch**.

Wenn man mal kein frisches Gemüse einkaufen konnte ist es ratsam, die ein oder andere **Konservendose mit Erbsen und Möhren, Mais oder Bohnen** auf Vorrat zu haben. Die nehme ich übrigens auch gerne, um eine Paella für die Kinder zu machen; das Rezept findet Ihr auf Seite 74. Konserven halten sich lange und man hat damit immer einen kleinen Gemüsevorrat zur Hand.

Superpraktisch und zu fast allem kombinierbar ist die gute alte **Tomatensauce**. Ich habe immer mehrere Gläser davon vorrätig. Zusammen mit Nudeln oder auch Reis und etwas Gemüse hat man dann ganz schnell eine leckere Mahlzeit, die auch den Kleinsten schmeckt.

Wenn ich ein Rezept nennen sollte, für das man nur sehr wenige Zutaten benötigt, dann ist es eine **einfache Kartoffelsuppe**, weswegen ich immer Kartoffeln und Zwiebeln auf Vorrat habe. Meine Kids lieben diese Kartoffelsuppe! Ich kenne sie von meiner Mama, die ja in ganz armen Verhältnissen aufgewachsen ist, und diese Suppe ab und zu auch für mich gekocht hat. Dafür werden Kartoffeln geschält, klein geschnitten und in gesalzenem Wasser gekocht. In einer Pfanne wird etwas Öl erhitzt und klein geschnittene Zwiebel darin angedünstet. Diese werden dann zusammen mit dem Öl in das Salzwasser zu den Kartoffeln gegeben. Anschließend wird alles fein püriert und mit Gewürzen abgeschmeckt. In Mamas Kindheit wurde statt Öl Griebenschmalz verwendet, was für besonders guten Geschmack sorgt. Meistens gab es diese Suppe am Ende des Monats, wenn bei den Eltern meiner Mutter das Geld knapp war. Eines Tages, als ich von der Schule nach Hause kam, stellte meine Mutter mir die Kartoffelsuppe auf den Tisch. Ich brach in Tränen aus und fragte sie, ob wir jetzt auch kein Geld mehr für Essen hätten. Aber meine Mutter hatte an diesem Tag ganz einfach Lust auf diese Suppe. Noch heute schmunzeln wir über diese Geschichte.

MEAL PREP & EINFRIEREN

Meine Mama und ich sind große Meal-Prep-Fans! Meine Mutter war selbständig und alleinerziehend und hat deswegen oft Gerichte vorgekocht, damit das Essen schnell auf dem Tisch stehen konnte. Unsere Tiefkühltruhe war immer gefüllt mit eingefrorenen Speisen und Zutaten. So konnte sie auch Dinge auf den Tisch bringen, die gerade keine Saison hatten.

Ich bin sehr froh, dass ich das Vorkochen von meiner Mama übernommen habe. Früher, als ich noch im Büro gearbeitet habe, habe ich mir oft eine Lunchbox to Go mitgenommen, die ich am Vortag vorbereitet hatte – oft auch direkt für zwei Tage im Voraus, was mir an den Folgetagen viel Zeit erspart hat.

Als mein Sohn zur Welt kam und dann im Babybrei-Alter angekommen war, habe ich die Breie aus verschiedenen, gut verträglichen Gemüsesorten selbst zubereitet und mehrere Portionen direkt eingefroren.

Heute koche ich für die gesamte Familie gerne größere Portionen von den Gerichten, die alle lieben. Ich koche gleich etwas mehr und friere ein paar Portionen davon ein. So habe ich immer eine Reserve, wenn es mal schnell gehen muss oder ich es nicht zum Einkaufen geschafft habe.

Die Vorteile von Meal Prep liegen klar auf der Hand: Ihr wisst immer, was im Essen steckt, habt gesunde Mahlzeiten griffbereit und spart Zeit und Geld! Durch die geschickte Planung verhindert ihr zudem, dass Lebensmittel weggeworfen werden.

Ein Tipp von mir für **frischen Kräutergeschmack**, wenn ihr Gemüse, Fleisch oder Fisch anbraten möchtet: Hackt Kräuter wie z. B. Petersilie, Schnittlauch und Basilikum klein, presst ein bis zwei Knoblauchzehen dazu, vermengt alles und gebt es in eine Eiswürfelform. Anschließend mit Olivenöl auffüllen und einfrieren. Bei Bedarf dann einfach einen Würfel mit in die Pfanne geben!

Hier ist eine kleine Liste von Lebensmitteln, die für Meal Prep super geeignet sind und sich untereinander vielseitig kombinieren lassen, sodass für jedes Familienmitglied die ein oder andere Kombination dabei sein dürfte:

Brokkoli
Bulgur
Couscous
Edamame
Gurken
Hähnchen / Pute
Kartoffeln
Kichererbsen
Linsen

Mais
Möhren
Nudeln
Paprika
Reis
Rote Beeten
Süßkartoffeln
Tofu
Tomaten

KAPITEL 01

AUS OMAS &
OPAS KÜCHE

»MANCHE
ZUTATEN LASSEN
SICH AUCH EINFACH
IN DER NATUR
FINDEN.«

Wenn ich von meiner Mama in Bezug aufs Kochen etwas gelernt habe, dann dass man nicht immer viele Zutaten braucht. Und manches lässt sich auch – je nach Saison – in der Natur finden. Wenn ich an meine Kindheit zurückdenke, fallen mir viele Gerichte ein, für die sich meine Mutter – vor allem im Frühjahr – in der Natur bedient und aus Kräutern und Pflanzen etwas Leckeres gezaubert hat.

So muss es z. B. nicht immer ein Kopf- oder Eisbergsalat sein, meine Mutter und ich sind oft raus auf die Felder gegangen und haben Löwenzahn für einen leckeren Salat gepflückt. Brennnessel-Spitzen wurden wie Spinat zubereitet, und auch Raps kam als Gemüse auf den Teller. Dafür wurden Rapsblätter in etwas Öl angedünstet und anschließend mit etwas Milch und Mehl verrührt und kurz aufgekocht. Es lohnt sich immer, in die Natur zu gehen und zu schauen, was sie Leckeres zu bieten hat!

*Bis auf ein Rezept von meinem Vater (***OPAS KARTOFFELKLÖSSE***, siehe Seite 26) stammen alle Rezepte von meiner Mama. Sie ist für meine Kinder so eine liebevolle Oma! Hier erwarten euch viele Klassiker, es gibt Suppen, Brot und allerlei herzhafte Sachen, aber auch Süßes. Und natürlich durften die berühmten slowenischen* **BRESIVICE** *(***»PFIRSICH«-PLÄTZCHEN***, siehe Seite 38), die es bei uns nur an Weihnachten gibt, auf keinen Fall fehlen.*

OMAS SUPPE

Für 6 Portionen

BRÜHE:

1 große oder 2 kleine Beinscheiben vom Rind

1 Schalotte

1 Knoblauchzehe

Salz

3–5 Pfefferkörner

1 Lorbeerblatt

1 TL Tomatenmark

1 Bund Suppengrün (Lauch, Sellerie, Möhre, Petersilie)

FÜR DIE FERTIGSTELLUNG:

2 Eier (Gr. M)

2 gehäufte EL Mehl

ZUBEREITUNG:

01 Das Fleisch in einen Topf geben und 1 ½ l Wasser dazugießen. Die Schalotte und den Knoblauch nur abwaschen und zugeben. Etwas Salz, die Pfefferkörner und das Lorbeerblatt in den Topf geben und das Ganze bei schwacher Hitze zum Kochen bringen. Das Tomatenmark unterrühren und die Brühe insgesamt 1 ½–2 Stunden Stunden kochen lassen. Nach 30 Minuten den gewürfelten Lauch und Sellerie dazugeben.

02 Nach Ablauf der Garzeit die Brühe durch ein Sieb in einen sauberen Topf gießen. Die Möhre schälen, würfeln und in der Suppe 10 Minuten garen.

03 Die Eier und das Mehl verquirlen, langsam bei schwacher Hitze in die kochende Suppe tropfen lassen. Die Suppe vor dem Servieren mit der klein geschnittenen Petersilie bestreuen.

Bei meinen Kindern ist das hier die beliebteste Suppe.

OMAS BROT

Ergibt 1 Laib

½ Würfel frische Hefe (21 g)	100 ml lauwarme Milch
1 TL Zucker	2 EL Milch zum Bestreichen
700 g Mehl	Butter zum Einfetten
2–3 TL Salz	

ZUBEREITUNG:

01 Die Hefe zerbröseln und zusammen mit dem Zucker in ca. 100 ml lauwarmem Wasser auflösen. Zugedeckt an einem warmen Platz 2–2,5 Stunden gehen lassen.

02 Das Mehl in eine Schüssel sieben, die aufgelöste Hefe, das Salz, 300 ml lauwarmes Wasser und die Milch unterrühren. Den Teig kneten, bis er sich von der Schüssel löst. Zugedeckt 2–3 Stunden an einem warmen Platz gehen lassen, bis sich sein Volumen verdoppelt hat.

03 Danach den Teig noch einmal kurz durchkneten. Eine Kastenform (20 × 30 cm) fetten. Den Teig hineingeben und glatt streichen (entweder mit der angefeuchteten Hand oder mit einem Teigspachtel). Die Form abdecken und den Teig noch 1 Stunde gehen lassen, bis er den Rand der Form erreicht hat.

04 Den Backofen auf 200 °C Umluft vorheizen. Den Teig mit der Milch bestreichen und ca. 50 Minuten backen. Das Brot vor dem Anschneiden auf einem Kuchengitter auskühlen lassen.

TIPP

Man kann auch zwei kleine Kastenformen nehmen und dann eins der fertigen Brote einfrieren.

OMAS SCHINKEN-KÄSE-KIPFERL

Ergibt 14–16 Stück

TEIG:

250 g Speisequark Magerstufe

2 Eier (Gr. M)

100 ml Öl

100 ml Milch

1 Prise Salz

400 g Mehl, plus Mehl zum Bestäuben

½ Päckchen Backpulver

FÜLLUNG:

flüssige Butter zum Bestreichen

7–8 Scheiben Kochschinken

7–8 Scheiben Käse

ZUM BESTREICHEN:

1 Eigelb, verquirlt

ZUBEREITUNG:

01 Den Quark mit den Eiern, Öl, Milch und Salz gut verrühren. Das Mehl mit dem Backpulver mischen und zufügen. Alles zu einem glatten Teig verkneten und anschließend 30 Minuten an einem warmen Ort ruhen lassen.

02 Den Teig in zwei Portionen teilen. Nacheinander auf der bemehlten Arbeitsfläche ca. 5 mm dick ausrollen und dann in ca. 12 cm große Quadrate schneiden.

03 Jedes Teigstück mit etwas flüssiger Butter bestreichen, dann mit ½ Scheibe Kochschinken und ½ Scheibe Käse belegen. Dafür müssen die Schinken- und Käsescheiben kleiner sein als die Teigstücke. Zum Schluss die Teigstücke diagonal aufrollen. Die Kipferl auf ein Blech mit Backpapier legen und mit verquirltem Eigelb bestreichen. In der Zwischenzeit den Backofen auf 160 °C Umluft vorheizen.

04 Die Hörnchen 20 Minuten backen, bis sie goldgelb sind.

OPAS KARTOFFELKLÖSSE

Ergibt 14 Stück

1 kg mehligkochende Kartoffeln	160 g Kartoffelmehl, plus bis zu 100 g mehr für die Konsistenz
1 Ei (Gr. M)	2 TL Salz

ZUBEREITUNG:

01 Die Kartoffeln kochen, danach abgießen und kurz abkühlen lassen, anschließend pellen und durch die Kartoffelpresse in eine Schüssel drücken.

02 Das Ei, 160 g Kartoffelmehl und 1 TL Salz zugeben und alles zu einem Teig verkneten. Falls der Teig sehr weich ist und klebt, etwas mehr Kartoffelmehl untermischen. Aus dem Teig ca. 14 Klöße formen, dabei die Hände immer wieder bemehlen.

03 In einem großen Topf reichlich Wasser mit 1 TL Salz zum Kochen bringen. Die Klöße hineingeben, die Hitze verringern und die Klöße sanft garen. Dabei darauf achten, dass sie nicht am Boden festkleben. Schwimmen die Klöße nach oben, noch ca. 10 Minuten weitergaren.

04 Die fertig gegarten Klöße kurz abtropfen lassen und als Beilage zu Braten oder anderem Fleisch mit Sauce servieren. Den Teig kann man 3–4 Tage in einer Frischhaltedose im Kühlschrank aufbewahren.

Mein Papa macht die allerbesten Klöße, ich hab sie schon als Kind immer geliebt! Heute muss er sie für meinen Sohn Fynn zubereiten, der seinen Opa regelmäßig danach fragt.

FISCHFRIKADELLEN

Für 4 Portionen

200 g vorwiegend festkochende Kartoffeln
Salz und Pfeffer
500 g Fischfilet (z. B. Seelachs)
2 Schalotten
etwas Öl
1 Knoblauchzehe
2 Eier (Gr. M)
gehackte Petersilie

ZUBEREITUNG:

01 Die Kartoffeln mit Schale in Salzwasser 20–25 Minuten kochen, dann abgießen, kurz abkühlen lassen, danach pellen und durch die Presse drücken.

02 Aus dem Fischfilet restliche Gräten entfernen. Den Fisch mit dem Mixstab zerkleinern und zu den Kartoffeln geben.

03 Schalotten und Knoblauch schälen und klein schneiden, dann in einer Pfanne in etwas Öl andünsten. Zu den Kartoffeln und dem Fisch geben. Die Eier hinzufügen, Salz und Pfeffer sowie Petersilie und alles gut vermengen.

04 Aus der Masse Frikadellen formen. In einer Pfanne in heißem Öl von beiden Seiten etwa 10 Minuten bei schwacher Hitze goldgelb braten.

TIPP

Zu den Fischfrikadellen passt ein großer grüner Salat!

OMAS CREMESCHNITTEN

Für 8–10 Portionen

2 Pckg. Blätterteig (à 275 g) 4 Eier (Gr. M) 6 EL Zucker 2 Päckchen Vanillezucker	2 ½ gehäufte EL Mehl 2 ½ gehäufte EL Speisestärke 1 l Milch	600 ml Schlagsahne 3 Päckchen Sahnesteif Puderzucker zum Bestreuen

ZUBEREITUNG:

01 Den Backofen vorheizen. Den Blätterteig entrollen und mit dem Backpapier auf ein Blech legen. Mit einer Gabel mehrfach einstechen und nach Packungsangabe backen. Nach dem Backen mit einem Brett beschweren, damit der Teig beim Schneiden nicht bröckelt.

02 Die Eier in einer großen Schüssel mit dem Zucker und Vanillezucker schaumig rühren. Das Mehl und die Speisestärke glatt einrühren. Nun die Milch aufkochen, von der Kochstelle nehmen und die Eiermasse unter ständigem Rühren in dünnem Strahl hineingießen. Die Masse 3–5 Minuten köcheln lassen, dabei weiterrühren, damit keine Klümpchen entstehen und nichts ansetzt. Die Creme von der Kochstelle nehmen und unter Rühren kurz abkühlen lassen.

03 Eine Teigplatte in eine passende Back- oder Auflaufform legen. Mit der Creme bestreichen und vollständig abkühlen lassen.

04 Die Sahne mit dem Sahnesteif aufschlagen und auf die Cremeschicht verteilen. Mit der zweiten Teigplatte abdecken und 3–4 Stunden im Kühlschrank lagern. Vor dem Servieren mit Puderzucker bestäuben und in Stücke schneiden.

OMAS OFENPALATSCHINKEN

Für 4–6 Portionen

PFANNKUCHEN:

300 ml Milch

3 Eier (Gr. M)

150 g Mehl

1 Päckchen Vanillezucker

1 Prise Salz

2 TL Backpulver

etwas Öl

Puderzucker zum Bestreuen

FÜLLUNG:

500 g Schichtkäse

200 g saure Sahne

4 Eier (Gr. M)

3 EL Zucker

1 Päckchen Vanillezucker

Butter oder Margarine zum Einfetten

GUSS:

200 ml Schlagsahne

ZUBEREITUNG:

01 Für den Teig die Zutaten vermengen und daraus Pfannkuchen (Palatschinken) backen. Die fertigen Pfannkuchen auf einen Teller legen und abkühlen lassen.

02 Für die Füllung den Schichtkäse und die saure Sahne mit Eiern, Zucker und Vanillezucker aufschlagen. Die Palatschinken mit dieser Masse bestreichen, zusammenrollen und in eine gefettete ofenfeste Form (etwa 25 × 30 cm) legen. Den Backofen auf 170 °C vorheizen.

03 Die Palatschinken mit der Schlagsahne übergießen. Sollte etwas von der Füllung übrig sein, kann man sie vorher mit der Schlagsahne verrühren.

04 Die Palatschinken im vorgeheizten Ofen 20–25 Minuten backen. Das Gericht warm oder abgekühlt servieren.

OMAS PFLAUMENKNÖDEL

Für 6 Stück

KNÖDEL:
250 g Speisequark 40 % Fett i. Tr.
50 g weiche Butter
2 Eier (Gr. M)
125 g Mehl, plus Mehl zum Bestäuben
25 g Hartweizengrieß
Salz
6 Pflaumen
6 Zuckerwürfel

ZUM SERVIEREN:
100 g Semmelbrösel
80 g Butter
1 EL Zucker
1 TL Zimt

ZUBEREITUNG:

01 Den Quark in einer Schüssel mit Butter, Eiern, Mehl, Weizengrieß und 1 Prise Salz gut vermengen. Den Teig 2–3 Stunden kalt stellen. Währenddessen die Pflaumen entsteinen.

02 Den Teig auf der bemehlten Arbeitsfläche zu einer Rolle formen und in sechs gleich große Stücke schneiden. Die Teigstücke flach drücken und etwas ausrollen. Wenn nötig, mit etwas Mehl bestäuben, sodass nichts anklebt.

03 In jede Pflaume 1 Stück Würfelzucker stecken und auf jedes Teigstück 1 Pflaume legen. Mit bemehlten Händen die Teigstücke schließen und zu Knödeln formen.

04 In einem großen Topf reichlich Wasser mit etwas Salz zum Kochen bringen. Die Knödel hineingeben, kurz aufkochen und dann bei schwacher Hitze 25 Minuten ziehen lassen. Dabei die Knödel einmal bewegen, sodass sie nicht am Boden festkleben.

05 In einer Pfanne die Brösel mit der Butter und dem Zucker goldgelb rösten. Zum Schluss den Zimt zufügen und alles mischen.

06 Die fertig gegarten Knödel kurz abtropfen lassen, dann in den Bröseln wälzen, bis sie rundherum eingehüllt sind.

POTICA (WEIHNACHTS-WALNUSSKUCHEN)

Für 2 Kuchen

TEIG:

500 g Mehl

35 g Hefe

200 ml lauwarme Milch

60 g Zucker

1 Päckchen Vanillezucker

50 ml Öl, plus Öl zum Einfetten der Formen

5 g Salz

1 Ei (Gr. M)

2 Eigelb

FÜLLUNG:

200 ml Schlagsahne

100 g Vollmilchschokolade

500 g gemahlene Walnusskerne

150 g Butter

1 Röhrchen Rumaroma

3 EL Backkakao

1 Handvoll Rosinen

ZUM BESTREICHEN:

1 Eigelb, verquirlt

ZUBEREITUNG:

01 Für den Teig das Mehl auf die Arbeitsfläche geben. Die Hefe in die lauwarme Milch krümeln, 1 Prise Zucker und etwas Mehl zugeben. Alles verrühren, dann 15–20 Minuten gehen lassen.

02 Danach eine Mulde in das Mehl drücken. Die aufgelöste Hefe, restlichen Zucker, Vanillezucker, Öl, Salz, Ei und Eigelb zugeben. Alles zu einem glatten Teig verkneten. Zugedeckt an einem warmen Ort gehen lassen, bis der Teig sein Volumen verdoppelt hat.

03 In der Zwischenzeit die Füllung zubereiten: Dafür die Sahne mit der Schokolade erwärmen. Wenn die Schokolade geschmolzen ist, die restlichen Zutaten mit Ausnahme der Rosinen zugeben und alles vermengen.

04 Zwei Kastenformen (24 cm Länge) fetten. Den Teig noch einmal kurz kneten, dann in zwei Portionen teilen und nacheinander zu Vierecken ausrollen. Die Größe auf die Kastenformen abstimmen.

05 Die Füllung halbieren und auf die beiden Teigrechtecke verteilen. Einen der beiden Kuchen mit Rosinen bestreuen. Dann den Teig aufrollen, dabei die Enden schließen. Die Rollen in die eingefetteten Formen legen.

06 Die Rollen mit einem Holzstäbchen einstechen und mit der Handfläche klopfen, damit die Luft entweicht. Die Oberfläche mit Eigelb bepinseln. Noch kurz gehen lassen, währendessen den Ofen auf 160 °C Umluft vorheizen.

07 Die Kuchen im Ofen 50 Minuten backen. Mit einem Holzstäbchen probestechen: Bleibt an dem Stäbchen nichts kleben, sind die Kuchen fertig.

BRESKVICE (»PFIRSICH«-PLÄTZCHEN)

Für einen gefüllten Weihnachtsteller

TEIG:

100 ml Öl

100 g Zucker

2 Eier (Gr. M)

300 g Mehl

½ TL Backpulver

FÜLLUNG:

200 ml Schlagsahne

100 g gehackte Vollmilch-schokolade

50 g Butter

Krümel der ausgehöhlten Plätzchen

5 EL gemahlene Walnusskerne

1 EL Rum nach Belieben

TOPPING:

200 g Zucker

70 g rotes Johannisbeergelee

ZUBEREITUNG:

01 Den Backofen auf 160 °C Umluft vorheizen und ein Blech mit Backpapier auslegen.

02 Die Zutaten für den Teig glatt verkneten. Aus dem Teig kleine Kugeln (etwas größer als eine Walnuss) formen und auf das vorbereitete Blech legen. Im Ofen ca. 15 Minuten backen. Manche Kugeln können dabei aufplatzen, was aber nicht schlimm ist.

03 Die Kugeln nach dem Backen kurz abkühlen lassen und dann mit einem Messer aushöhlen. Dabei darauf achten, dass die Plätzchen nicht zerbrechen. Die Krümel zur Seite stellen.

04 Für die Füllung die Sahne mit der Schokolade aufkochen, dann kurz abkühlen lassen. Die Krümmel und die Walnusskerne vermengen. Die Butter schaumig rühren und alles vermischen. Wer mag, gibt den Rum dazu.

05 Jeweils 2 Plätzchen mit der Schoko-Walnuss-Masse füllen und zusammendrücken. Das Johannisbeergelee erwärmen und mit einem Kuchenpinsel auf die Plätzchen streichen. Den Zucker in eine Schüssel geben und die Plätzchen darin wälzen.

TIPP

Sollte von der Füllmasse etwas übrig bleiben, fülle ich damit Pfannkuchen. Auch Restzucker wird dabei verbraucht.
Diese Plätzchen nehmen etwas mehr Zeit in Anspruch, deswegen werden sie bei uns auch nur zu Weihnachten gebacken.

KAPITEL **02**

AUS DEM SUPPENTOPF

»SUPPEN SIND
WAHRE SEELEN-
WÄRMER.«

Wenn ich an Suppe denke, dann denke ich an meine Kindheit. Denn als Kind habe ich nichts lieber als die Suppe meiner Mama gegessen. Da bekomme ich direkt ein warmes und wohliges Bauchgefühl. Und genau das muss eine Suppe einem auch geben.

Meine Wurzeln mütterlicherseits liegen ja in Slowenien und dort sind Suppen als Vorspeise quasi fester Bestandteil jeder Mahlzeit. Vor der Hauptspeise wird sehr oft eine klare Suppe mit Nudeln serviert. Meine Mutter hat diese Tradition übernommen und deswegen bin ich mit Suppen aufgewachsen. Ob klare Brühe, leichte Gemüsesuppe oder ein deftiger Eintopf – eine leckere Suppe kann zu jeder Gelegenheit und Tageszeit serviert werden.

Suppen sind sehr dankbare Gerichte, da man sie bereits mit wenigen Zutaten herstellen kann und oft brauchen sie auch gar nicht viel Zeit. Sie können sehr vielseitig sein, sind perfekt, um Gemüse zu verwerten und auch als Meal Prep bestens geeignet, da man sie bis zu drei Tage im Kühlschrank lagern kann.

Mein Highlightrezept in diesem Kapitel ist die **GURKENSUPPE** *(siehe Seite 48).* *Fast jeder, dem ich sie serviert habe, war erst einmal erstaunt. Doch wer sie einmal probiert hat, ist danach ein Fan geworden!*

Mein besonderer Tipp für Suppen sind Backerbsen. Ich habe immer welche zu Hause, denn sie sind ein sehr leckeres Topping und machen jede Suppe interessanter – vor allem auch für die Kleinen. Hat man keine Backerbsen vorrätig, kann man alternativ aus altbackenem Brot leckere Croûtons zaubern: Brot würfeln und in einer Pfanne in etwas Butter oder Öl anrösten.

Suppen sind wahre Seelenwärmer und die folgenden Rezepte schmecken Groß und Klein. Sie können nach Gusto abgewandelt werden, etwa indem ihr andere Gemüse- oder Fleischsorten verwendet. Bei Suppen sind der kulinarischen Kreativität keinerlei Grenzen gesetzt!

KÄSESUPPE

Für 4 Portionen

250 g Hackfleisch halb und halb (Schwein und Rind)

1 EL Öl oder Butter

1 Gemüsezwiebel

1 Knoblauchzehe

Salz und Pfeffer

1 Lauchstange

1 l Gemüsebrühe

200 g Kräuter-Schmelzkäse

1 EL Mehl nach Belieben

ZUBEREITUNG:

01 Das Hackfleisch in einem Topf in Öl oder Butter anbraten. Zwiebel und Knoblauch schälen, klein schneiden und dazugeben. Mit Salz und Pfeffer verfeinern.

02 Die Lauchstange in Scheiben schneiden, dann in den Topf geben. Die Gemüsebrühe dazugießen. Die Suppe 10 Minuten kochen lassen.

03 Zum Schluss den Schmelzkäse einrühren. Soll die Suppe dickflüssiger sein, 1 EL Mehl mit 50 ml Wasser verrühren, in die Suppe gießen und unter Rühren aufkochen lassen.

TIPP

Wer möchte, kann einen Bund Schnittlauch in Röhrchen schneiden und kurz vor dem Servieren in die Suppe streuen.

LINSENSUPPE

Für 4 Portionen

180 g rote Linsen	1 mehligkochende Kartoffel	½ TL gemahlener Kümmel
2 Schalotten	1 rote Paprika	1 l Gemüsebrühe
2 Knoblauchzehen	etwas Öl	Salz und Pfeffer
2 Möhren	1 Lorbeerblatt	100 ml Kochsahne oder Joghurt
50 g Knollensellerie		

ZUBEREITUNG:

01 Die Linsen unter fließendem Wasser abspülen. Schalotten, Knoblauch, Möhren und Sellerie sowie die Kartoffel schälen und würfeln. Die Paprikaschote putzen und in kleine Stücke schneiden.

02 Die Schalotte in einem Topf in etwas Öl glasig dünsten. Knoblauch und restliches Gemüse zugeben und mitdünsten. Linsen, Lorbeerblatt und Kümmel zufügen, dann mit der Brühe aufgießen und mit Salz und Pfeffer abschmecken. Die Suppe ca. 20 Minuten bei schwacher Hitze köcheln lassen.

03 Das Lorbeerblatt herausnehmen und die Suppe pürieren. Vor dem Servieren entweder 100 ml Sahne oder Joghurt einrühren.

Wir Erwachsene lieben es, unsere Suppen mit frischen Kräutern wie Petersilie zu toppen, aber meine Kinder mögen das eher weniger.

GURKENSUPPE

Für 4 Portionen

1 Zwiebel 2 Knoblauchzehen etwas Öl 500 g mehligkochende Kartoffeln	1 Salatgurke 500 ml Gemüse-brühe 500 ml Milch	200 g Schmand oder saure Sahne Salz und Pfeffer

ZUBEREITUNG:

01 Die Zwiebel und den Knoblauch schälen und würfeln, dann in einem Topf in etwas Öl kurz andünsten.

02 In der Zwischenzeit die Kartoffeln und die Gurke schälen, klein schneiden, dann ebenfalls in den Topf geben. Mit der Gemüsebrühe und Milch aufgießen und salzen. Die Suppe 20–25 Minuten kochen lassen.

03 Vor dem Servieren den Schmand oder die saure Sahne unterrühren und die Suppe salzen. Nach Wunsch mit etwas frisch gemahlenem Pfeffer bestreuen.

Meine Gurkensuppe stößt oft auf Verwunderung. Ich esse sie unheimlich gerne! Sie schmeckt warm wie auch kalt sehr gut und meine Kinder wünschen sie sich regelmäßig.

FISCHSUPPE

Für 4 Portionen

- 2 rote Paprika
- 1 Zucchini oder 200 g Brokkoli
- 1 Stange Staudensellerie
- 2 Möhren
- 2 Knoblauchzehen
- etwas Olivenöl
- 1 TL Tomatenmark
- 500 ml Fischfond
- 100 ml Weißwein
- Salz und Pfeffer
- 500 g Fischfilet (Goldbarsch oder Seelachs)
- 150 g kleine geschälte Garnelen

ZUBEREITUNG:

01 Zunächst Paprika, Zucchini oder Brokkoli und Sellerie putzen und klein schneiden. Die Möhren schälen und in Scheiben schneiden, den Knoblauch schälen und hacken. Alles in einem Topf in etwas Olivenöl mit dem Tomatenmark kurz andünsten.

02 Den Fischfond, den Weißwein und 200 ml Wasser zugießen und die Suppe mit Salz und Pfeffer abschmecken. Nun etwa 10 Minuten kochen lassen.

03 In der Zwischenzeit den Fisch klein schneiden, dann zusammen mit den Garnelen in die Suppe geben und 5 Minuten bei ganz schwacher Hitze ziehen lassen.

04 Vor dem Servieren noch 2 EL Olivenöl in die Suppe geben.

WINTEREINTOPF

Für 6 Portionen

500 g Rindfleisch mit Markknochen

1 große festkochende Kartoffel

1 Bund Suppengrün (Lauch, Sellerie, Möhre, Petersilie)

4 kleine mehligkochende Kartoffeln

1 Schalotte

1 Knoblauchzehe

1 Lorbeerblatt

3–5 Pfefferkörner

Salz

verschiedenes Gemüse nach Wahl (z. B. 80 g Rosenkohl, 1 Zucchini, 250 g Brokkoli, 2 Möhren, 1 rote Paprika, 100 g TK-Erbsen ...)

ZUBEREITUNG:

01 Das Rindfleisch mit Markknochen mit 2 l Wasser in einen Topf geben und zum Kochen bringen.

02 In der Zwischenzeit die große Kartoffel und den Sellerie schälen, Sellerie in Stücke schneiden. Die Schalotte und den Knoblauch schälen und hacken, den Lauch in Ringe schneiden. Alles mit in den Topf geben. Die Petersilie, das Lorbeerblatt, die Pfefferkörner und das Salz hinzufügen. Die Suppe 1 ½ Stunden kochen lassen.

03 In der Zwischenzeit das ausgewählte Gemüse und die kleinen Kartoffeln putzen und schälen, falls nötig, dann klein schneiden und den Rosenkohl nach Bedarf halbieren.

04 Nach Ablauf der 1 ½ Stunden die Suppe durch ein Sieb gießen. Die Kartoffel, den Sellerie sowie das Fleisch herausnehmen und zur Seite stellen.

05 Das vorbereitete Suppengemüse in die aromatische Brühe geben und 10–15 Minuten darin garen.

06 Das Fleisch von den Knochen lösen und klein schneiden. Die große Kartoffel und den Sellerie zerdrücken. Alles zusammen in den Topf geben und noch einmal kurz erhitzen, zum Schluss die Suppe mit Salz abschmecken.

SCHNELLE ERBSENSUPPE

Für 4 Portionen

1 kleine Zwiebel	Salz und Pfeffer
2 Knoblauchzehen	200 ml Gemüsebrühe
etwas Öl	1 Dose Kokosmilch (400 ml)
400 g TK-Erbsen	Petersilie, Schnittlauch oder Bärlauch
1 TL Currypulver	

ZUBEREITUNG:

01 Die Zwiebel und den Knoblauch schälen und klein schneiden, dann in einem Topf in etwas Öl andünsten.

02 Die Erbsen hinzugeben und kurz mitdünsten, mit dem Currypulver sowie 1 guten Prise Salz und Pfeffer verfeinern. Mit der Gemüsebrühe ablöschen, die Kokosmilch hinzugeben und das Ganze 10 Minuten köcheln lassen.

03 Anschließend alles pürieren und die Suppe vor dem Servieren mit fein geschnittener Petersilie, Schnittlauch oder Bärlauch garnieren.

TIPP

Optional können als Topping noch Backerbsen hinzugegeben werden – vor allem bei meinen Kindern sind sie beliebt.

STEINPILZSUPPE MIT KARTOFFELN

Für 4 Portionen

500 g vorwiegend festkochende Kartoffeln
3 Steinpilze
2 Schalotten
1 Knoblauchzehe
etwas Öl
700 ml Gemüsebrühe
1 Lorbeerblatt
Salz und Pfeffer
1 EL Mehl
gehackte Petersilie

ZUBEREITUNG:

01 Die Kartoffeln schälen und klein schneiden. Die Pilze säubern, die Kappe vom Stiel trennen und beides in dünne Scheiben schneiden.

02 Die Schalotten und den Knoblauch in etwas Öl andünsten, die Kartoffeln hinzugeben und mit der Brühe aufgießen. Das Lorbeerblatt dazugeben, die Suppe mit Salz und Pfeffer abschmecken und 15 Minuten köcheln lassen. Anschließend die Pilze hinzugeben und 5–10 Minuten mitgaren. Das Lorbeerblatt herausnehmen.

03 Zum Schluss das Mehl mit etwas Wasser glatt rühren und unter Rühren in die Suppe gießen. Die Suppe noch 1–2 Minuten köcheln lassen. Vor dem Servieren mit gehackter Petersilie bestreuen.

GULASCHSUPPE

Für 4 Portionen

500 g Gulaschfleisch vom Rind am Stück	Salz und Pfeffer	1 Lorbeerblatt
300 g Zwiebeln	Öl zum Braten	½ TL gemahlener Kümmel
2 Knoblauchzehen	2 EL Paprikapulver edelsüß	600 ml Fleischbrühe
300 g mehligkochende Kartoffeln	2 EL Tomatenmark	1 Dose Kidneybohnen (400 g)
2 rote Paprika	250 ml Rotwein	
	etwas Majoran	

ZUBEREITUNG:

01 Zunächst das Fleisch in Würfel schneiden. Die Zwiebeln und den Knoblauch schälen und ebenfalls klein schneiden. Nun die Kartoffeln schälen, die Paprika putzen und beides klein schneiden.

02 Das Fleisch mit Salz und Pfeffer bestreuen. In einem großen Topf etwas Öl erhitzen. Das Fleisch darin von allen Seiten anbraten. Anschließend die Zwiebeln und den Knoblauch hinzugeben sowie das Paprikapulver und das Tomatenmark. Alles weiterbraten und dabei nach und nach den Wein zugießen und einkochen lassen.

03 Jetzt Paprikastücke, Majoran, Lorbeerblatt und Kümmel hinzugeben und mit der Fleischbrühe aufgießen. Die Gulaschsuppe bei schwacher Hitze 1 Stunde schmoren. In der Zwischenzeit zwei- bis dreimal umrühren.

04 Nach Ablauf der Zeit das Lorbeerblatt herausnehmen, die Kartoffeln und die Bohnen hinzugeben und 30 Minuten mitgaren (oder etwas länger, bis das Fleisch weich ist).

TIPP

Knuspriges Baguette schmeckt gut dazu.

EINTOPF FÜR DIE KLEINEN

Für 4–5 Kinderportionen

600 g vorwiegend festkochende Kartoffeln
1 Zwiebel
½ rote Paprika
etwas Öl

2 EL Tomatenmark
500 ml Gemüsebrühe
Salz und Pfeffer
Oregano
Paprikapulver edelsüß

2 Lorbeerblätter
80 ml Kochsahne
3–4 Wiener Würstchen
gehackte Petersilie nach Belieben

ZUBEREITUNG:

01 Die Kartoffeln und die Zwiebel schälen und in kleine Würfel schneiden. Die Paprika putzen und ebenfalls klein schneiden.

02 Etwas Öl in einem hohen Topf erhitzen und die Zwiebel darin andünsten. Die Kartoffelwürfel hinzugeben und mitdünsten. Das Tomatenmark dazugeben. Mit der Gemüsebrühe ablöschen, dann die Paprikawürfel hinzugeben und das Ganze mit Salz, Pfeffer, Oregano und Paprikapulver verfeinern. Die Lorbeerblätter hinzugeben.

03 Die Suppe im geschlossenen Topf 30 Minuten köcheln lassen, bis die Kartoffeln gar sind. Dann die Lorbeerblätter herausnehmen, die Sahne hinzugeben und noch kurz köcheln lassen. Die Würstchen in Stücke schneiden und in der Suppe heiß werden lassen.

TIPP

Wer mag, bestreut die Suppe vor dem Servieren mit gehackter Petersilie.

KAPITEL **03**

HAUPT-
SPEISEN

»HAUPTGERICHTE LANDEN BEI MIR SCHNELL, EINFACH UND GÜNSTIG AUF DEM ESSTISCH.«

Wie es sich für ein Familienkochbuch gehört, lassen sich fast alle meine Hauptgerichte mit nur wenigen Zutaten schnell und einfach zubereiten. Viele eignen sich gut zum Vorkochen oder als Meal Prep. Und natürlich schmecken sie uns allen – ob Groß oder Klein! Die meisten Zutaten, die ich verwende, sind nicht teuer und viele werdet ihr vorrätig haben, wie z. B. Reis, Nudeln oder Kartoffeln. Sie bilden oft die Grundlage der jeweiligen Gerichte.

Meine persönlichen Favoriten, die ich schon immer geliebt habe, sind natürlich auch dabei: **GEFÜLLTE PAPRIKA** *(siehe Seite 72),* **KNUSPRIGE HÄHNCHENKEULEN** *(siehe Seite 90) oder* **BOHNEN MIT KARTOFFELN** *(siehe Seite 82). Diese Gerichte essen auch meine Kinder sehr gerne.*

Werdet kreativ und passt meine Rezepte so an, dass sie zu eurem Vorrat, zur Saison und den Vorlieben eurer Familie passen! Gerade ist keine Spargelzeit? Dann ersetzt ihn bei der **SPARGEL-KARTOFFEL-PFANNE** *(siehe Seite 88) doch einfach durch ein anderes Gemüse, etwa Zucchini, Brokkoli oder Paprika. Eure Kinder essen keine? Dann gart die zu Klößchen geformte Hackfleischmasse doch einfach in der Tomatensauce und reicht dazu Nudeln oder Kartoffelbrei.*

Ein sehr dankbares Gericht im Hinblick auf Resteverwertung und Zeitaufwand ist die **TOMATEN-PAPRIKA-EIER-PFANNE** *(siehe Seite 80), die sich aus nur wenigen Zutaten zubereiten lässt, die man meistens sowieso zu Hause hat. Das Rezept ist auch perfekt, wenn mal eine Tomate matschig ist.*

REGENBOGEN-PIZZA

Für 6–8 Portionen

TEIG:

400 g Mehl

2 Pckg. Trockenhefe

250 ml lauwarme Milch

1 TL Salz

5 EL Olivenöl

BELAG:

1 Glas Tomatensauce (ca. 200 g)

250 g geriebener Mozzarella

1 Dose Mais (300 g Abtropfgewicht)

2 Handvoll Kirschtomaten

1 gelbe Paprika

100 g Brokkoli

1 große rote Zwiebel

getrockneter Oregano nach Belieben

ZUBEREITUNG:

01 Für den Pizzateig alle Zutaten mit der Küchenmaschine verkneten. Mit einem Küchentuch abdecken und gut 30 Minuten gehen lassen. Den Backofen auf 200 °C Umluft vorheizen. Ein Blech mit Backpapier auslegen.

02 Den Pizzateig auf dem Backblech ausrollen und mit einer Gabel kleine Löcher hineinpieksen. Den Teig mit Tomatensauce bestreichen, dann mit geriebenem Mozzarella bestreuen.

03 Den Mais abtropfen lassen, das Gemüse putzen. Die Kirschtomaten halbieren, die Paprika würfeln und den Brokkoli ohne den Strunk in sehr kleine Röschen schneiden. Die Zwiebel schälen und würfeln. Nun das Gemüse wie die Farben des Regenbogens in Streifen auf dem Teig verteilen. Zum Schluss nach Belieben Oregano auf die Pizza streuen.

04 Die Regenbogen-Pizza im vorgeheizten Ofen ca. 20 Minuten backen.

TIPP

Mit fertigem Pizzateig aus dem Kühlregal kann man hier die Zeit verkürzen. Wer möchte, streut 5 Minuten vor Ende der Backzeit noch geriebenen Käse auf die Pizza.

POLENTA-AUFLAUF

Für 4 Portionen

Salz

300 g Maisgrieß

150 g Bergbauernkäse (oder ein anderer Käse, z. B. Mozzarella), in Scheiben geschnitten

Pfeffer

Butter zum Einfetten und zum Überbacken

ZUBEREITUNG:

01 Zunächst in einem Topf 1 l Wasser mit etwas Salz zum Kochen bringen. Den Maisgrieß in das kochende Wasser einstreuen und dabei rühren. Die Polenta bei schwacher Hitze in 20 Minuten garen, dabei immer weiterrühren.

02 Die gekochte Polenta in eine mit kaltem Wasser ausgespülte flache Schüssel geben und abkühlen lassen.

03 Den Backofen auf 200 °C Umluft vorheizen und eine ofenfeste Form mit Butter einfetten.

04 Die Polenta aus der Schüssel auf ein Schneidebrett stürzen, dann in etwa 5 cm dicke Scheiben schneiden. Diese dann abwechselnd mit den Käsescheiben in die gefettete Form schichten. Mit Pfeffer bestreuen und mit Butterflöckchen belegen, dann im Backofen 20 Minuten gratinieren.

TIPP

Im Sommer, wenn Tomatensaison ist, schichte ich gern auch Tomatenscheiben mit in die Form.

POLENTA MIT HACKFLEISCHSAUCE

Für 4 Portionen

POLENTA:	SAUCE:	
300 ml Milch	500 g Hackfleisch halb und halb (Schwein und Rind)	1 TL Paprikapulver edelsüß
Salz und Pfeffer	etwas Öl	1 Prise gemahlener Kümmel
1 Prise geriebene Muskatnuss	2 Zwiebeln	1 Lorbeerblatt
240 g Maisgrieß	2 Knoblauchzehen	Salz und Pfeffer
40 g Butter		1 gehäufter EL Mehl

ZUBEREITUNG:

01 Für die Polenta Milch und 400 ml Wasser in einen Topf gießen. Etwas Salz, Pfeffer und Muskat hinzufügen, aufkochen und von der Kochstelle nehmen. Nun unter ständigem Rühren den Maisgrieß einrieseln lassen, dann bei schwacher Hitze 20 Minuten kochen, dabei häufig umrühren. Zum Schluss die Butter hinzugeben, gut verrühren und die Polenta zugedeckt noch 10 Minuten ruhen lassen.

02 Für die Sauce das Hackfleisch in einer Pfanne in etwas Öl anbraten und dabei mit einem Kochlöffel zerteilen. Die Zwiebeln und den Knoblauch schälen, klein schneiden und dazugeben. Die Gewürze, das Lorbeerblatt sowie etwas Salz und Pfeffer unterrühren. Alles unter ständigem Rühren bei schwacher Hitze ein paar Minuten dünsten, anschließend mit dem Mehl bestäuben. Mit 300 ml Wasser ablöschen (man kann auch Brühe nehmen) und 30 Minuten köcheln lassen.

03 Die fertige Polenta in eine Schüssel füllen oder mithilfe von zwei Kochlöffeln portionieren: Mit dem einen nimmt man die Polenta aus dem Topf und mit dem anderen streift man die Stücke wie große Flocken auf eine Servierplatte. Mit der Hackfleischsauce übergießen und servieren.

TIPP

Wenn Polentamasse übrig bleiben sollte, kann sie im Kühlschrank aufbewahrt und am nächsten Tag mit gedünsteten Champignons in Sahnesauce serviert werden.

GEFÜLLTE PAPRIKA

Für 4 Portionen

4 rote Paprika
2 Schalotten
2 Knoblauchzehen
500 g Hackfleisch halb und halb (Schwein und Rind)
50 g Reis
Salz und Pfeffer
500 ml Gemüsebrühe
500 ml passierte Tomaten (Glas)
2 TL Zucker
2 TL Mehl

ZUBEREITUNG:

01 Von den Paprikaschoten jeweils einen Deckel abschneiden und zur Seite legen. Die Schoten von Samen und Scheidewänden befreien.

02 Die Schalotten und den Knoblauch schälen und hacken, dann mit dem Hackfleisch, dem Reis sowie etwas Salz und Pfeffer gut vermengen. Die Masse in die Paprikaschoten füllen und den Deckel wieder auflegen.

03 Die gefüllten Paprikaschoten in einen passenden Topf mit Deckel setzen. Gemüsebrühe, passierte Tomaten, Zucker und etwas Salz dazugeben, zum Kochen bringen. Die Paprikaschoten im geschlossenen Topf bei schwacher Hitze 1 Stunde köcheln lassen.

04 Die Paprikaschoten herausnehmen. Das Mehl mit etwas Wasser verrühren und in die Tomatensauce geben. Die Sauce noch einmal aufkochen lassen, bis sie eindickt, dabei rühren und darauf achten, dass sich keine Klümpchen bilden. Zum Schluss die Paprika wieder hineinsetzen. Dazu kann Kartoffelpüree serviert werden.

TIPP

Sollte von der Hackfleischfüllung etwas übrig bleiben, können daraus kleine Bällchen geformt und zusammen mit den Paprikaschoten gegart werden.

PAELLA FÜR DIE KINDER

Für 6 Kinderportionen

1 kleine Zwiebel	1 Tomate	1 EL Gemüsebrühepulver
etwas Öl	100 g TK-Erbsen	2 TL Kurkumapulver
1 große Möhre	1 Dose Mais (300 g Abtropfgewicht)	Pfeffer nach Belieben
1 rote oder gelbe Paprika	150 g Reis	1 EL gehackte Petersilie

ZUBEREITUNG:

01 Die Zwiebel schälen und klein schneiden, dann in einer Pfanne in etwas Öl andünsten. In der Zwischenzeit die Möhre schälen, die Paprika putzen. Beides klein schneiden und ebenfalls in die Pfanne geben. Die Tomate würfeln und hinzufügen. Zum Schluss die Erbsen und den Mais unterrühren.

02 Den Reis in die Pfanne streuen und mit 300 ml Wasser aufgießen. Gemüsebrühepulver und Kurkuma dazugeben, alles gut verrühren. Zugedeckt 25–30 Minuten köcheln lassen. Nach Belieben mit Pfeffer abschmecken und vor dem Servieren mit Petersilie bestreuen.

TIPP

Noch schneller geht es, wenn man anstelle von frischer Möhre und TK-Erbsen einfach eine kleine Dose Erbsen-Möhren-Gemüse verwendet!

KRAUTKRAPFEN

Für 4–6 Portionen

TEIG:

400 g Mehl, plus Mehl zum Bestäuben

4 Eier (Gr. M)

1 TL Salz

FÜLLUNG:

300 g Hackfleisch halb und halb (Schwein und Rind)

etwas Öl

2 Schalotten

2 Knoblauchzehen

1 EL Tomatenmark

½ TL gemahlener Kümmel

1 EL Paprikapulver edelsüß

1 Lorbeerblatt

Salz und Pfeffer

1 EL Mehl

1 l Rinderbrühe

500 g Sauerkraut

1–2 EL Zucker

Butter zum Einfetten

ZUBEREITUNG:

01 Für den Teig das Mehl auf der Arbeitsfläche aufhäufen und in der Mitte eine Mulde formen. Die Eier und das Salz hineingeben, alles vermischen und den Teig 10 Minuten kneten, bis er glatt ist. Nun zu einer Kugel formen und in Frischhaltefolie wickeln. Den Teig 20 Minuten ruhen lassen.

02 In der Zwischenzeit für die Füllung das Hackfleisch in einer größeren Pfanne in etwas Öl anbraten. Die Schalotten und den Knoblauch schälen, klein schneiden und dazugeben. Das Tomatenmark unterrühren, die Gewürze und das Lorbeerblatt sowie etwas Salz und Pfeffer zufügen. Dann das Mehl dazugeben und unter Rühren kurz anschwitzen, anschließend mit 200 ml von der Rinderbrühe ablöschen. Jetzt das Sauerkraut hinzufügen und das Ganze nach Bedarf mit Zucker abschmecken. Die Füllung noch 10 Minuten köcheln lassen und anschließend das Lorbeerblatt herausnehmen.

03 Den Nudelteig auf der bemehlten Arbeitsfläche nicht ganz dünn ausrollen. Die etwas abgekühlte Füllung darauf verteilen, dann den Teig aufrollen. Anschließend in etwa 6–7 cm lange Stücke schneiden.

04 Einen flachen Topf oder eine Pfanne mit Butter einfetten, die Krapfen nebeneinander hineingeben und mit der restlichen Brühe aufgießen. Sollten die Röllchen noch nicht mit Flüssigkeit bedeckt sein, muss noch etwas mehr Rinderbrühe nachgegossen werden. Zugedeckt 20 Minuten bei schwacher Hitze köcheln lassen.

TIPP

Sollte von der Füllung etwas übrig sein, kann man sie auf dem Boden der Pfanne oder des Topfes verteilen und die Krapfen darauflegen.

ÜBERBACKENE WEISSKOHLRÖLLCHEN

Für 4 Portionen

1 Weißkohl
Salz und Pfeffer
2 Schalotten
2 Knoblauchzehen
etwas Olivenöl
400 g Hackfleisch halb und halb (Schwein & Rind)

1 Ei (Gr. M)
1 EL Mehl
6 EL Kochsahne
100 g kleine Hörnchennudeln

BECHAMELSAUCE:

50 g Butter, plus mehr für die Form
25 g Mehl
600 ml Milch
200 ml Kochsahne
Salz und Pfeffer
geriebene Muskatnuss
2 EL geriebener Parmesan
200 g geriebener Mozzarella

ZUBEREITUNG:

01 Den Strunk aus dem Weißkohl herausschneiden. Den Weißkohl in einem großen Topf mit kochendem Salzwasser nur kurz blanchieren, damit sich die Blätter einzeln ablösen lassen. Den Weißkohl zum Abkühlen in ein Sieb geben.

02 Die Schalotten und den Knoblauch schälen und klein schneiden, dann in einer Pfanne in etwas Öl andünsten. Das Hackfleisch hinzugeben und kurz scharf anbraten, dabei mit einem Kochlöffel zerteilen, sodass es »bröselig« wird; mit Salz und Pfeffer verfeinern. Die Pfanne vom Herd nehmen.

03 Das Ei mit dem Mehl und 6 EL Sahne verrühren, dann zusammen mit den Hörnchennudeln zur Hackmasse geben.

04 Von dem Kohlkopf so viele einzelne Blätter ablösen, wie benötigt werden. Auf jedes Blatt etwas von der Hackmasse geben, das Blatt aufrollen und mit einem Zahnstocher feststecken.

05 Den Backofen auf 200 °C Umluft vorheizen.

06 Für die Bechamelsauce die Butter in einem Topf zerlassen, dann das Mehl darin anschwitzen und anschließend mit Milch und Sahne ablöschen. Die Sauce unter Rühren köcheln lassen, bis sie eindickt, mit Salz, Pfeffer und Muskat abschmecken. Zum Schluss Parmesan und Mozzarella unterrühren.

07 Die Kohlröllchen in eine gefettete ofenfeste Form legen. Sollte etwas von der Hackmasse übrig sein, einfach auf den Röllchen verteilen. Die Röllchen mit der Bechamelsauce übergießen, den Ofen auf 170 °C Umluft stellen, die Röllchen hineingeben und gut 35 Minuten backen.

TOMATEN-PAPRIKA-EIER-PFANNE

Für 4 Portionen

½ Gemüsezwiebel
1 rote Paprika
500 g Tomaten

etwas Öl
Salz und Pfeffer
4 Eier (Gr. M)

ZUBEREITUNG:

01 Die Gemüsezwiebel schälen und in Scheiben schneiden, die Paprika putzen und in Streifen schneiden, die Tomaten je nach Größe halbieren oder würfeln.

02 In einer Pfanne etwas Öl erhitzen. Die Zwiebel darin glasig werden lassen. Paprika und Tomaten hinzugeben und mitgaren, bis die Zwiebel weich ist. Mit Salz und Pfeffer abschmecken.

03 Die Eier verquirlen und in die Pfanne gießen. Kurz stocken lassen, dabei ein paar Mal durchmischen. Dazu frisches Baguette reichen.

TIPP

Nach Wunsch kann man zusammen mit den Zwiebeln etwas gewürfelten Frühstücksspeck anbraten.

BOHNEN MIT KARTOFFELN

Für 4 Portionen

700 g vorwiegend fest-
kochende Kartoffeln

Salz

500 g Stangenbohnen

100 g Butter

100 g Semmelbrösel

3 EL Röstzwiebeln

ZUBEREITUNG:

01 Zunächst die Kartoffeln schälen, vierteln und in Salzwasser 20–25 Minuten kochen. Die Bohnen putzen und ebenfalls in Salzwasser 15–20 Minuten kochen.

02 Anschließend die Kartoffeln mit einer Siebkelle aus dem Topf nehmen und in eine Schüssel geben. Mit 100 ml Kartoffelkochwasser beträufeln. Die Bohnen abgießen und über die Kartoffeln geben.

03 Nun in einer Pfanne die Butter schmelzen, die Semmelbrösel goldgelb rösten und über die Kartoffeln und Bohnen verteilen. Zum Schluss alles mit den Röstzwiebeln bestreuen.

OFENKARTOFFELN MIT SELBST GEMACHTEM FRISCHKÄSE

Für 4 Portionen

FRISCHKÄSE:

2 l Vollmilch (3,8 % Fett)

1 TL Salz

800 g Joghurt

OFENKARTOFFELN:

700 g vorwiegend festkochende Kartoffeln

1 EL Salz

2 Knoblauchzehen

etwas Olivenöl

1 EL Rosmarinnadeln

Pfeffer

ZUBEREITUNG:

01 Zuerst in einem großen Topf die Milch mit dem Salz aufkochen. Kurz von der Kochstelle nehmen und nach und nach den Joghurt hineingeben, dabei mit einer Schöpfkelle die Milch leicht und langsam hin und her bewegen. Den Topf wieder auf die Kochplatte stellen und die Milch ganz leicht köcheln lassen, bis sich Käsemasse bildet und die Molke sich absetzt. Der Käse bildet nun eine Schicht. Den Käse mit einer Siebkelle herausnehmen und in einem Sieb abtropfen lassen.

02 Die Kartoffeln schälen und beliebig schneiden, dann in Salzwasser 20 Minuten kochen. In der Zwischenzeit den Knoblauch schälen und in Scheiben schneiden.

03 Den Backofen auf 200 °C Umluft vorheizen und eine ofenfeste Form mit Olivenöl einfetten. Die Kartoffeln abgießen und mit dem Knoblauch und den Rosmarinnadeln in die Form füllen. Mit etwas Olivenöl beträufeln. Den Frischkäse dazugeben und die Form für 10 Minuten in den heißen Ofen schieben.

VEGETARISCHES KARTOFFELGULASCH

Für 4 Portionen

500 g mehligkochende Kartoffeln

1 Paprika

2 Zwiebeln

2 Knoblauchzehen

etwas Öl

1 TL Paprikapulver edelsüß

1 TL Zucker

Salz und Pfeffer

1 Dose gehackte Tomaten (400 g)

500 ml Gemüsebrühe

1 Lorbeerblatt

je 1 Messerspitze gemahlenen Kümmel und Majoran

50 g Hörnchennudeln

100 g Schmand oder Kochsahne

Chilifäden zum Bestreuen nach Belieben

ZUBEREITUNG:

01 Zuerst die Kartoffeln schälen und klein schneiden, die Paprikaschote putzen und würfeln. Die Zwiebeln und den Knoblauch ebenfalls schälen und hacken. Anschließend in einem Topf in etwas Öl andünsten, dann die Kartoffeln, Paprikapulver und Zucker hinzugeben, mit Salz und Pfeffer verrühren. Die Tomaten in den Topf geben, die Gemüsebrühe dazugießen, zum Schluss das Lorbeerblatt, Kümmel und Majoran unterrühren.

02 Die Suppe nun 10 Minuten kochen lassen. Anschließend das Lorbeerblatt herausnehmen, die Nudeln dazugeben und das Ganze weitere 10 Minuten kochen.

03 Zum Schluss mit Schmand oder Kochsahne verfeinern und, wer mag, vor dem Servieren mit Chilifäden bestreuen.

SPARGEL-KARTOFFEL-PFANNE

Für 4 Portionen

500 g Kartoffeln
Salz und Pfeffer
500 g weißer Spargel
3 Knoblauchzehen

etwas Olivenöl
½ TL Currypulver
200 ml Kochsahne
gehackte Petersilie

ZUBEREITUNG:

01 Zunächst die Kartoffeln schälen und in Scheiben schneiden. Anschließend in einem Topf mit Salzwasser knapp gar kochen.

02 In der Zwischenzeit den Spargel schälen und schräg in dünne Scheiben schneiden. Den Knoblauch ebenfalls schälen und in Scheiben schneiden. Dann das Olivenöl in einer Pfanne erhitzen und den Knoblauch darin glasig werden lassen. Den Spargel zugeben und zugedeckt bei schwacher Hitze etwa 10 Minuten dünsten, der Knoblauch darf dabei nicht braun werden. Mit Salz, Pfeffer und Curry vermischen.

03 Die Kartoffeln abgießen und ebenfalls in die Pfanne geben. Die Sahne dazugießen und aufkochen lassen. Der Spargel sollte leicht bissfest bleiben.

04 Zum Schluss die Spargel-Kartoffel-Pfanne vorsichtig abschmecken und vor dem Servieren noch mit gehackter Petersilie bestreuen.

KNUSPRIGE HÄHNCHENKEULEN

Für 4–6 Portionen

4–6 Hähnchen-unterschenkel
Salz und Pfeffer
2 EL Mehl
1 Ei (Gr. M) und 1 Eigelb
10 EL Paniermehl
2 Knoblauchzehen
600 ml Sonnen-blumenöl
Butter

ZUBEREITUNG:

01 Die Hähnchenstücke waschen und trocken tupfen. Anschließend auf ein Brett legen, mit Salz und ganz wenig Pfeffer von beiden Seiten bestreuen. Danach abgedeckt im Kühlschrank 1 Stunde stehen lassen, damit der Geschmack sich entfalten kann.

02 Anschließend drei tiefe Teller bereitstellen. In den ersten das Mehl geben, in den zweiten das Ei und das Eigelb mit einer Gabel verquirlt, in den dritten das Paniermehl.

03 Die Hähnchenstücke der Reihe nach zuerst in dem Mehl, dann in dem verquirlten Ei und zum Schluss in dem Paniermehl. Den Knoblauch schälen.

04 Das Sonnenblumenöl in einer Pfanne erhitzen. Dabei ist es wichtig, das Öl nicht zu heiß werden zu lassen. Die Hitze sofort etwas verringern, sobald das Fleisch in der Pfanne ist. Die Keulen langsam von jeder Seite 10 Minuten frittieren. Zum Schluss etwas Butter und den Knoblauch hinzugeben.

05 Die knusprig frittierten Hähnchenkeulen vor dem Servieren auf Küchenpapier abtropfen lassen.

TAFELSPITZ

Für 4–6 Portionen

1 kg Tafelspitz
1 Schalotte
1 Knoblauchzehe
1 Stück Sellerie

1 Lorbeerblatt
3 Pfefferkörner
Salz
1 Bund Schnittlauch

SAUCE:
50 g Butter
30 g Mehl
500 ml Brühe
150 ml Kochsahne
100 ml Sahne-Meerrettich

ZUBEREITUNG:

01 Das Fleisch mit 2 l kaltem Wasser in einen Topf geben. Schalotte und Knoblauch schälen, Sellerie putzen und mit dem Lorbeerblatt sowie den Pfefferkörnern und etwas Salz darin zum Kochen bringen. Dann 2 Stunden bei schwacher Hitze köcheln lassen. Den Schnittlauch in Röllchen schneiden.

02 In der Zwischenzeit die Meerrettichsauce zubereiten. Dafür die Butter in einem kleinen Topf schmelzen lassen. Das Mehl hineinstreuen und dabei mit dem Schneebesen kurz verrühren, bis sich Blasen bilden. Dann mit 500 ml von der Tafelspitzbrühe ablöschen. Weiter rühren und köcheln lassen, bis die Sauce eindickt. Zum Schluss die Sahne und den Meerrettich hinzugeben.

03 Das fertig gegarte Fleisch herausnehmen und in Scheiben schneiden. Mit der Sauce auf Tellern verteilen und vor dem Servieren mit Schnittlauchröllchen bestreuen.

TIPP

Zum Tafelspitz serviere ich Rote Bete und Salzkartoffeln oder grünen Salat und Püree. Aber auch Opas Kartoffelklöße schmecken sehr gut dazu; das Rezept gibt es auf Seite 26.

NUDELN MIT PAPRIKASAUCE

Für 4 Portionen

3 rote Paprika
1 Zwiebel
2 Knoblauchzehen
125 g Frühstücksspeck

etwas Öl
3 Tomaten
Salz und Pfeffer
400 g Penne oder andere Nudeln

ZUBEREITUNG:

01 Den Backofen auf 200 °C Umluft vorheizen. Die Paprikaschoten auf der oberen Schiene rösten, bis sie braune Flecken bekommen, dabei gelegentlich wenden. Anschließend in eine Schüssel legen, abdecken und abkühlen lassen.

02 In der Zwischenzeit Zwiebel und Knoblauchzehen schälen und klein schneiden, den Frühstücksspeck würfeln. Alles in einer Pfanne in etwas Öl kurz andünsten. Die Tomaten enthäuten und würfeln, die abgekühlten Paprikaschoten abziehen, von Samen und Scheidewänden befreien und klein schneiden. Alles in die Pfanne geben und mit Salz und Pfeffer vermischen. Die Sauce 10 Minuten köcheln lassen.

03 Die Penne in einem Topf mit Salzwasser al dente kochen. Die Nudeln abgießen, in eine Schüssel geben und die Sauce darüber verteilen.

BANDNUDELN MIT BÄRLAUCH-PESTO

Für 4 Portionen

PESTO:

30 g Walnuss- oder Pinienkerne

15 g Bärlauch

2 Knoblauchzehen

10 EL Olivenöl

Salz

40 g geriebener Parmesan

400 g Bandnudeln

geriebener Parmesan zum Bestreuen nach Belieben

ZUBEREITUNG:

01 Für das Pesto die Waluss- oder Pinienkerne hacken und in einer Pfanne ohne Fett kurz anrösten. Den Bärlauch waschen und trocken schütteln, dann klein schneiden. Den Knoblauch schälen und hacken. Alles mit dem Olivenöl und dem Salz mit einem Pürierstab zu Pesto zerkleinern, dabei langsam den Parmesan hinzugeben.

02 In einem großen Topf Salzwasser zum Kochen bringen und die Nudeln darin nach Packungsangabe garen (8–10 Minuten). Anschließend abgießen und gut abtropfen lassen.

03 Die Nudeln mit dem Pesto vermischen und vor dem Servieren nach Wunsch noch mit etwas geriebenem Parmesan bestreuen.

TIPP

Wer mag, kann die Pasta auch mit gebratenen Garnelen servieren.

CANNELLONI GEFÜLLT MIT SAUERKRAUT

Für 4 Portionen

Butter zum Einfetten der Form

8 Cannelloni

SAUERKRAUTFÜLLUNG:

1 Zwiebel

1 Knoblauchzehe

2 EL Öl

500 g Hackfleisch halb und halb (Schwein und Rind)

300 g Sauerkraut

1 EL Tomatenmark

1 TL Paprikapulver edelsüß

½ TL gemahlener Kümmel

Salz und Pfeffer

125 ml Rinderbrühe

SAUCE:

50 g Butter

30 g Mehl

600 ml Milch

200 ml Kochsahne

Salz

200 g Schmand

geriebener Parmesan nach Belieben

ZUBEREITUNG:

01 Für die Füllung die Zwiebel und den Knoblauch schälen und klein schneiden, dann in einer Pfanne in dem Öl kurz glasig werden lassen. Das Hack hinzugeben und kurz mitbraten. Nun auch das Sauerkraut mit Tomatenmark, Paprikapulver, Kümmel sowie etwas Salz und Pfeffer hinzugeben. Dann mit der Brühe aufgießen und 10 Minuten köcheln lassen. Anschließend die Sauerkrautfüllung zum Abkühlen beiseitestellen.

02 In der Zwischenzeit für die Sauce in einem kleinen Topf die Butter zerlassen, das Mehl einstreuen und unter Rühren anschwitzen. Dabei darauf achten, dass es hell bleibt. Jetzt mit der Milch und der Kochsahne aufgießen, alles gut verrühren und die Sauce 10 Minuten köcheln lassen, bis sie eindickt. Mit Salz abschmecken und den Schmand einrühren.

03 Den Backofen auf 200 °C Umluft vorheizen. Eine ofenfeste Form mit Butter einfetten. Die Cannelloni mit der Sauerkrautmasse füllen (ich mache das mit der Hand). Den Rest der

Sauerkrautmasse in der Form verteilen, die gefüllten Cannelloni darauflegen und mit der Sauce übergießen. Wer mag, bestreut die Cannelloni vor dem Backen mit geriebenem Parmesan.

04 Die gefüllten Cannelloni im vorgeheizten Backofen für 40 Minuten backen.

TIPP

Damit wir alle richtig satt werden, reiche ich zu diesem Gericht einen großen grünen Salat.

NUDELN MIT ERBSENSAUCE

Für 4 Portionen

400 g Penne oder andere Nudeln

Salz und Pfeffer

1 kleine Zwiebel

3 Knoblauchzehen

etwas Öl

300 g TK-Erbsen

1 TL Currypulver

150 g Frischkäse

200 ml Kochsahne

1 Bund Bärlauch, Schnittlauch oder Petersilie nach Belieben, gehackt

ZUBEREITUNG:

01 Die Penne in einem großen Topf mit reichlich Salzwasser al dente kochen.

02 In der Zwischenzeit die Zwiebel und den Knoblauch schälen und klein schneiden, dann in einer Pfanne in etwas Öl kurz glasig andünsten. Die Erbsen hinzugeben, mit Salz, Pfeffer und Curry verrühren. Alles 10 Minuten mit geschlossenem Deckel dünsten. Den Frischkäse mit der Sahne glatt rühren und unter Rühren zu den Erbsen geben.

03 Die al dente gegarten Penne abgießen und in eine Schüssel füllen. Die Erbsensauce dazugeben. Wer mag, bestreut die Nudeln vor dem Servieren mit frisch gehacktem Bärlauch, Schnittlauch oder Petersilie.

GNOCCHI

Für 4 Portionen

500 g mehligkochende Kartoffeln

1 Ei (Gr. M)

1 Eigelb

2 gehäufte EL Mehl, plus Mehl zum Bestäuben

1 gehäufter EL Hartweizengrieß

Salz

80 g Butter

100 g Semmelbrösel

ZUBEREITUNG:

01 Zunächst die Kartoffeln in Salzwasser 20–25 Minuten kochen, dann abgießen, pellen und durch die Kartoffelpresse in eine Schüssel drücken. Ei, Eigelb, Mehl, Grieß und 1 Prise Salz zu einem glatten Teig verkneten. Den Teig mit 1 EL Mehl bestäuben und etwas Mehl auf einen Teller geben, um die Hände zu bemehlen. Mit einem Esslöffel jeweils eine Portion von dem bemehlten Teig abnehmen und die Gnocchi zwischen den Handflächen formen. Dabei immer wieder die Hände bemehlen.

02 In einem großen Topf reichlich Wasser mit etwas Salz zum Kochen bringen. Die Gnocchi hineingeben. Wenn sie an die Oberfläche kommen, bei schwacher Hitze noch 10–15 Minuten köcheln lassen.

03 In einer großen Pfanne die Butter zerlassen und die Semmelbrösel darin goldgelb rösten. Die Gnocchi mit einer Schöpfkelle aus dem Topf nehmen, kurz abtropfen lassen und dann in die Pfanne geben. In den Semmelbröseln wälzen, bis sie damit rundum überzogen sind.

TIPP

Beim Formen der Nocken können die Kinder mithelfen!
Zu den Gnocchi passt ein grüner Salat.

KAPITEL **04**

DIPS & SNACKS

»IN GESELLIGER
RUNDE MACHEN
DIPS UND SNACKS
EINFACH SPASS!«

Für den Hunger zwischendurch, für ein Buffet, beim Picknick oder Brunch – für Dips & Snacks gibt es so viele schöne Anlässe! Und wenn ihr euch mal nicht entscheiden könnt, serviert doch einfach mehrere Snacks auf dem Tisch – wie in einer kleinen Tapasrunde!

Die Rezepte in diesem Kapitel eignen sich prima zur Resteverwertung. Ob Kartoffeln, Paprika, Auberginen, Toast oder Zwiebeln – macht daraus doch einen Snack!

Die **EINGELEGTE PAPRIKA** *(siehe Seite 112) ergibt in Kombination mit leckerem, frischem Brot (z. B.* **OMAS BROT**, *siehe Seite 22) und vielleicht ein paar Gurkenscheiben eine einfache, aber wirklich leckere Mahlzeit.*

Für ein warmes, herzhaftes Abendessen kann ich euch die **FLAMMKUCHEN-TOASTS** *empfehlen (siehe Seite 120). Sie schmecken wie echter Flammkuchen, aber ihr braucht dafür keinen Teig herzustellen oder zu kaufen. Unbedingt ausprobieren!*

Einen ganz besonderen Dip aus Slowenien findet ihr auf Seite 108 – den berühmten **MEERRETTICHDIP** *meiner Mutter. Er ist etwas ganz besonderes für mich, denn es gibt ihn nur einmal im Jahr, und zwar an Ostern. Serviert wird er bei uns typischerweise mit gekochtem Schinken. Man kann ihn aber auch einfach nur aufs Brot streichen und mit einem hartgekochten Ei essen.*

MEERRETTICHDIP

Für 8 Portionen

1 Apfel (vorzugsweise die Sorte Elstar)	185 ml Sahne-Meerrettich
1 Orange	200 g Schmand
3 hart gekochte Eier (Gr. M)	Salz

ZUBEREITUNG:

01 Den Apfel vom Kerngehäuse befreien, fein reiben, die Orange halbieren und vollständig auspressen. Die Eier pellen und fein hacken.

02 Alles mit dem Meerrettich und Schmand verrühren und diesen Dip zum Schluss mit Salz abschmecken.

TIPP

Bei uns ist dieser Dip vor allem zu Ostern beliebt. Er schmeckt sehr lecker mit frischem Brot und rohem oder gekochtem Schinken.

KARTOFFELDRESSING

Für 4 Portionen

2 kleine vorwiegend festkochende Kartoffeln

Salz und Pfeffer

1 Knoblauchzehe

150 ml Gemüsebrühe

2 EL Weißweinessig

2 EL Olivenöl

1 EL Kürbiskernöl

1 TL Honig

ZUBEREITUNG:

01 Die Kartoffeln in Salzwasser etwa 20 Minuten kochen, dann abgießen. Nach dem Abkühlen pellen und durch die Kartoffelpresse drücken.

02 Den Knoblauch schälen und durchpressen. Beides mit sämtlichen weiteren Zutaten in einer Schüssel gut verrühren und mit Salz und Pfeffer abschmecken.

TIPP

Dieses Dressing verwende ich am liebsten im Winter, wenn Endiviensalat Saison hat. Wir essen gern Pfannkuchen dazu. Das komplette Rezept gibt es auf Seite 134.

EINGELEGTE PAPRIKA

Ergibt 2 Einmachgläser à 800 ml

4 große rote Paprika	2 EL Zucker
6 Knoblauchzehen	½ TL Salz
180 ml Weinessig	1 TL Einmachgewürz-mischung

ZUBEREITUNG:

01 Die Paprikaschoten putzen und längs in beliebig große Streifen schneiden. Den Knoblauch schälen.

02 Den Essig in einem Topf mit 400 ml Wasser, Zucker und Salz aufkochen. Das Einmachgewürz zugeben. Paprikastücke und Knoblauch in den Topf geben und 2–3 Minuten kochen lassen.

03 Paprikastücke und Knoblauch dann sofort in sterilisierte Gläser schichten und mit dem heißen Essigsud übergießen. Mit einer Gabel die Paprikastücke etwas herunterdrücken, damit die Luft entweicht. Die Gläser sofort verschließen. Mit einem Tuch abgedeckt einige Tage in der Küche stehen lassen, dann am besten im Keller lagern.

04 Nach 2–3 Wochen schmecken diese eingelegten Paprika hervorragend als Belag auf dem Brot oder als Beilage zu Fleisch.

MARINIERTE AUBERGINE

1 Aubergine
Salz und Pfeffer
1 Knoblauchzehe

etwas Sonnenblumenöl
Balsamico-Creme

ZUBEREITUNG:

01 Die Aubergine putzen, dann schräg in dünne Scheiben schneiden. Auf ein Brett legen und mit etwas Salz und Pfeffer bestreuen. Den Knoblauch schälen und in Scheiben schneiden.

02 In einer Pfanne etwas Öl erhitzen – nicht zu heiß, damit die Scheiben nicht braun werden. Die Auberginenscheiben darin von beiden Seiten kurz glasig anbraten, dann in eine flache Schale schichten. Mit den Knoblauchscheiben belegen und mit etwas Balsamico-Creme beträufeln. Bis zum Servieren kühl stellen.

TIPP

Dazu passt knuspriges Baguette. Zum Servieren 1 Scheibe Baguette mit Auberginenscheiben belegen und geriebenen Parmesan darüberstreuen.

SCHNELLER ZWIEBELKUCHEN

Für 4 Portionen

1 Pckg. runder Pizzateig (à 400 g)
200 ml saure Sahne
2 Eier (Gr. M)
1 Prise Salz
½ TL gemahlener Kümmel
1 Gemüsezwiebel
1 Handvoll Speckwürfel

ZUBEREITUNG:

01 Den Pizzateig entrollen und mit dem Backpapier in runde Backform legen. Den Backofen auf 200 °C Umluft vorheizen.

02 Anschließend die saure Sahne mit den Eiern verquirlen, mit Salz und Kümmel vermischen und den Teig damit bestreichen.

03 Die Zwiebel schälen und in Ringe schneiden und zusammen mit den Speckwürfeln auf dem Kuchen verteilen.

04 Den Zwiebelkuchen im vorgeheizten Ofen 15–20 Minuten backen.

WEIHNACHTSHÄPPCHEN

300 g festkochende Kartoffeln

Salz

200 g Kräuterfrischkäse

200 g Räucherlachs

schwarzer Sesam

gehackte Petersilie

ZUBEREITUNG:

01 Die Kartoffeln ungeschält 20–25 Minuten in Salzwasser garen. Danach mit kaltem Wasser abschrecken, pellen und die Kartoffeln in ca. 1 cm dicke Scheiben schneiden. Die Kartoffelscheiben mit dem Kräuterfrischkäse bestreichen.

02 Den Räucherlachs in 2–3 cm breite Streifen schneiden, diese einrollen und auf den Frischkäse legen. Mit Sesam und gehackter Petersilie bestreuen.

Ein kleiner Snack mit großer Wirkung! Sie machen optisch viel her und eignen sich daher perfekt für ein Weihnachtsessen.

FLAMMKUCHEN-TOAST

Für 4 Toasts

4 Scheiben Toast
150 g Frischkäse
1 Bund Frühlingszwiebeln
100 g Speckwürfel
Pfeffer

ZUBEREITUNG:

01 Den Backofen auf 180 °C Umluft vorheizen.

02 Die Toastscheiben mit Frischkäse bestreichen. Die Frühlingszwiebeln putzen und in Ringe schneiden, dann mit den Speckwürfeln auf den Toastscheiben verteilen. Mit Pfeffer würzen.

03 Im vorgeheizten Ofen 15 Minuten backen.

KAPITEL **05**

BEILAGEN & SALATE

»BEILAGEN UND
SALATE GEHÖREN
BEI UNS IMMER
AUF DEN TISCH.«

Wenn man an Beilagen denkt, hat man meistens typische Leckereien wie Rotkohl oder deftige Knödel – als Beilage zu einem Braten – im Kopf. Durch die Küche meiner Mutter kenne ich zwar diese klassischen Beilagen, aber ich weiß auch, dass sie längst nicht nur als solche serviert werden können. Denn kombiniert man mehrere Beilagen miteinander, erhält man ein komplettes Hauptgericht!

Bei meiner slowenischen Familie mütterlicherseits sind Salate und Beilagen ein Muss bei jeder Mahlzeit. Eigentlich gibt es kein Mittag- oder Abendessen ohne Suppe, Beilage und Salat. Dankbare Abnehmer von Beilagen sind auch oft Kinder, weil Nudeln, Reis und Co. bei den meisten weit oben auf der Liste der Leibspeisen stehen.

Eine typische Beilage aus der slowenischen Küche ist der **DJUVEC-REIS** (siehe Seite 126). Er ist würzig, aromatisch und passt als Beilage zu fast allem – egal ob Fleisch, Fisch oder als Grillbeilage im Sommer. Man kann ihn warm oder kalt essen und er lässt sich gut in großen Mengen zubereiten, sodass er auch bestens zum Meal Prep geeignet ist.

Meine **SPINATFRIKADELLEN** (siehe Seite 130) schmecken prima mit einem grünen Salat und können auch gut 2 Tage im Kühlschrank aufbewahrt und an den Folgetagen kalt serviert werden. Mit ihnen kann man zudem Kindern ein bisschen Gemüse unterschmuggeln.

Nicht nur ich bin ein richtiger Beilagen-Fan, auch meine ganze Familie liebt sie. Man kann damit viele Reste verwerten und eine beliebige Auswahl auf den Tisch stellen, sodass für jeden Geschmack etwas dabei ist. Zudem sind viele Beilagen super als Meal Prep geeignet und mehrere Tage im Kühlschrank haltbar. Also perfekt für die ganze Familie!

DJUVEC-REIS

Für 4 Portionen

1 Schalotte	1 TL Paprikapulver edelsüß
1 Knoblauchzehe	250 g Reis
Öl zum Braten	1 l Gemüsebrühe
1 rote Paprika	Salz
1 TL Tomatenmark	30 g Butter

ZUBEREITUNG:

01 Zunächst die Schalotte und den Knoblauch schälen und klein schneiden, dann in einem Topf in etwas Öl glasig dünsten.

02 In der Zwischenzeit die Paprikaschote putzen und würfeln, dann mit dem Tomatenmark und dem Paprikapulver kurz anrösten (nicht anbrennen lassen!) und den Reis in den Topf geben. Alles kurz verrühren und mit der Gemüsebrühe aufgießen, dann salzen.

03 Den Reis ohne Deckel bei schwacher Hitze 20 Minuten köcheln lassen. Danach die Butterflöckchen auf dem Reis verteilen. Bis zum Servieren den Topf mit dem Deckel verschließen. Vor dem Servieren kurz durchrühren.

SERVIETTENKNÖDEL

Für 4 Portionen

4 altbackene Brötchen	4 Eier (Gr. M)
200 ml Milch	gehackte Petersilie
6 EL Kochsahne	Salz

ZUBEREITUNG:

01 Den Backofen auf 160 °C Umluft vorheizen.

02 Die Brötchen klein schneiden, auf ein Blech legen und im Ofen knusprig rösten. Danach in eine Schüssel geben, mit Milch, Sahne, Eiern und Petersilie vermengen. Die Brötchen 1 Stunde stehen lassen und immer wieder mischen, bis eine gleichmäßige Masse entstanden ist.

03 Ein sauberes Geschirrtuch auf die Arbeitsfläche legen. Die Brötchenmasse daraufgeben, zu einer Rolle formen und fest in das Tuch wickeln. Die beiden Enden mit Küchengarn zubinden.

04 In einem großen Topf Salzwasser zum Kochen bringen. Die Rolle darin von jeder Seite 30 Minuten bei schwacher Hitze ziehen lassen. Die Rolle aus dem Topf nehmen, das Küchentuch entfernen und die Knödelrolle vor dem Servieren in Scheiben schneiden.

SPINATFRIKADELLEN

Für 4 Portionen

400 g mehligkochende Kartoffeln

Salz und Pfeffer

200 g frischer Blattspinat

1 Knoblauchzehe

4 EL Instantmehl

1 Eigelb

etwas Öl

ZUBEREITUNG:

01 Die Kartoffen schälen und in leicht gesalzenem Wasser 25 Minuten kochen.

02 In der Zwischenzeit die groben Stiele vom Spinat entfernen. Den Spinat in leicht gesalzenem Wasser 1 Minute blanchieren, dann herausnehmen und in kaltem Wasser abschrecken. Nun den Spinat ausdrücken und ganz klein schneiden.

03 Die gekochten Kartoffeln abgießen, kurz abkühlen lassen und danach durch die Kartoffelpresse in eine Schüssel drücken. Den Knoblauch schälen, hacken und dazugeben. Mit Salz und Pfeffer sowie mit dem Spinat, dem Mehl und dem Eigelb vermengen.

04 Anschließend aus der Masse etwa 6 cm große und flache Frikadellen formen und in einer Pfanne mit Öl bei mittlerer Hitze von beiden Seiten 3 Minuten braten. Dazu passen ein Dip oder Salat.

KARTOFFEL-GURKEN-SALAT

Für 4 Portionen

800 g festkochende Kartoffeln

1 Salatgurke

½ Gemüsezwiebel

einige Schnittlauchhalme

DRESSING:

150 ml kalte Rinderbrühe

50 ml Weißweinessig

1 TL Salz

etwas Pfeffer

2 EL Apfelmus

60 ml Sonnenblumenöl

ZUBEREITUNG:

01 Zunächst die Kartoffeln in Salzwasser ca. 25 Minuten kochen. Danach abgießen, etwas abkühlen lassen, anschließend pellen und in Scheiben schneiden. Nun die Gurke in dünne Scheiben schneiden. Die Gemüsezwiebel schälen und hacken. Alles in eine Schüssel geben und vorsichtig vermengen.

02 Für das Dressing alle Zutaten verrühren. Den Salat mit dem Dressing übergießen, mischen und zum Schluss mit Schnittlauch bestreuen.

ENDIVIENSALAT MIT PFANNKUCHEN

Für 4 Portionen

PFANNKUCHEN:

500 ml Milch

150 g Mehl

1 TL Backpulver

1 Päckchen Vanillezucker

4 Eier (Gr. M)

1 Prise Salz

Margarine zum Einfetten

ENDIVIENSALAT:

1 Endiviensalat

1 Rezeptmenge Kartoffeldressing (siehe Seite 110)

ZUBEREITUNG:

01 Für die Pfannkuchen die Zutaten in einer großen Schüssel zu einem glatten Teig verrühren. Dafür am besten erst die trockenen Zutaten vermischen und dann die Eier verquirlen, mit Salz unterrühren. Den Backofen auf 200 °C Umluft vorheizen.

02 Eine ofenfeste Pfanne mit Margarine einfetten. Für jeden Pfannkuchen jeweils zwei Suppenkellen von der Teigmasse hineingießen und auf mittlerer Schiene im Ofen etwa 10 Minuten goldbraun backen.

03 In der Zwischenzeit den Endiviensalat verlesen und in Streifen schneiden, dann mit dem Dressing gut vermischen.

TIPP

Wenn es schnell gehen muss, können die Pfannkuchen auch in der Pfanne zubereitet werden.

RINDFLEISCHSALAT

Für 4 Portionen

500 g gekochtes Suppenfleisch (Beinscheibe vom Rind)

1 rote Zwiebel

1 rote Paprika

5 Gewürzgurken (Glas)

10 Kirschtomaten

3 hart gekochte Eier (Gr. M)

DRESSING:

20 ml Aceto balsamico bianco

50 ml Olivenöl

1 TL Zucker

Salz und Pfeffer

ZUBEREITUNG:

01 Das Fleisch klein schneiden. Dann die Zwiebel schälen und in Scheiben schneiden, die Paprika putzen und in Stücke schneiden, die Gewürzgurken würfeln. Nun die Tomaten halbieren, die Eier der Länge nach vierteln und dann in Scheiben schneiden. Alles in eine Schüssel geben.

02 Separat Essig, Öl und 50 ml Wasser mit dem Zucker sowie etwas Salz und Pfeffer verquirlen. Das Dressing über den Salat gießen und alles gut durchmischen.

KAPITEL **06**

FÜR DEN SÜSSEN ZAHN

»MEINE
SÜSSHUNGER-
REZEPTE SIND
EBENSO EINFACH
WIE BESONDERS.«

Ich weiß ja nicht, wie es bei euch in der Familie aussieht, aber meine beiden Kinder sind richtige kleine Schleckermäuler. Bei Süßem sagen sie nicht Nein und es vergeht fast kein Sonntag, an dem sie mich nicht bitten, einen Kuchen oder Kekse zu backen. Ich sage immer: Sonntag ist Kuchentag – jedenfalls bei uns! Meistens sind es keine aufwendigen Torten, sondern einfache Blechkuchen oder süße **IGELKEKSE** *(siehe Seite 142), die Kinderherzen höher schlagen lassen.*

In diesem Kapitel findet ihr die beliebtesten Desserts unserer Familie. Jeder hat seine Favoriten. Ich zum Beispiel liebe die **ERDBEERROLLE** *meiner Mutter mit luftig-lockerem Biskuit und fruchtiger Erdbeerfüllung (siehe Seite 148). Wenn es Richtung Weihnachten geht, findet ihr hier das allerbeste Rezept für* **VANILLEKIPFERL** *(siehe Seite 144) und für besondere Anlässe sind die* **WALNUSSPLÄTZCHEN** *nicht nur ein absoluter Gaumenschmaus, sondern auch ein richtiger Hingucker (siehe Seite 146). Die meisten von euch werden Gnocchi kennen, aber ihr habt bestimmt noch nie* **SÜSSE GNOCCHI MIT HIMBEERSAUCE GEGESSEN** *(siehe Seite 152)! Dieses Rezept ist in unserer Familie ein absolutes Traditionsgericht am ersten oder zweiten Weihnachtstag und alle freuen sich wahnsinnig darauf, da es das bei uns wirklich nur ein einziges Mal im Jahr gibt.*

Bei uns müssen Kuchen – außer an Geburtstagen – schnell und unkompliziert sein und genau das bieten die folgenden Rezepte. Perfekt bei spontanem Kuchenhunger, aber auch für ein lange geplantes Kaffeekränzchen nicht zu verachten.

IGELKEKSE

TEIG:

300 g Mehl

100 g Puderzucker

200 g Butter

1 Ei (Gr. M)

1 Prise Salz

TOPPING:

100 g Vollmilch-schokolade

Schokoladen-streusel

ZUBEREITUNG:

01 Alle Zutaten für den Teig miteinander verkneten und in Frischhaltefolie gewickelt 1 Stunde in den Kühlschrank geben – so lassen sich die Igel besser formen.

02 Aus dem Teig kleine Kugeln und daraus kegelförmig die Igelkörper formen. Auf ein mit Backpapier ausgelegtes Blech legen. In der Zwischenzeit den Backofen auf 180 °C Umluft vorheizen.

03 Die Kekse 30 Minuten backen, bis sie goldgelb sind.

04 Die Schokolade in einem Wasserbad schmelzen und die Igel mit der runden Seite eintauchen. Noch im feuchten Zustand die Schokostreusel darauf verteilen. Mit einem Holzstäbchen mit der noch flüssigen Schokolade die Augen und die Nasenspitze auftupfen.

Sind das nicht süße Igel? Es sind die Lieblingsplätzchen meiner Kinder neben Vanillekipferln. Supertoll mit Kids zu backen und gehen ruckizucki!

VANILLEKIPFERL

300 g Mehl
125 g Zucker
2 Päckchen Vanillezucker
3 Eigelb
125 g gemahlene Mandeln
250 g Butter, in Stücke geschnitten
Puderzucker zum Bestäuben

ZUBEREITUNG:

01 Das Mehl auf die Arbeitsfläche geben und in der Mitte eine Vertiefung formen. Den Zucker, 1 Päckchen Vanillezucker und das Eigelb hineingeben und alles zu einem dicken Brei vermengen. Dann die Mandeln und die Butterstücke dazugeben. Alles zu einem glatten Teig kneten.

02 Zugedeckt 30 Minuten an einem kühlen Ort ruhen lassen. Den Backofen auf 180 °C Umluft vorheizen und ein (oder mehrere) Blech(e) mit Backpapier auslegen.

03 Den Teig zu einer Rolle formen, gleichmäßige Scheiben abschneiden und daraus kleine Hörnchen formen. Diese dann auf dem vorbereiteten Blech verteilen und im Ofen 12–15 Minuten backen.

04 Puderzucker mit 1 Päckchen Vanillezucker mischen. Die noch warmen Kipferl in der Puderzucker-Mischung wenden.

WALNUSSPLÄTZCHEN

160 g Butter, plus mehr zum Einfetten
200 g Mehl
50 g Puderzucker
60 g gemahlene Walnusskerne
2 EL fein geriebene Vollmilchschokolade

FÜLLUNG:
100 g Butter
100 ml Schlagsahne
100 g Vollmilch-schokolade

ZUBEREITUNG:

01 Den Backofen auf 160 °C Umluft vorheizen und die Plätzchenform gründlich einfetten.

02 Die Zutaten für den Teig verkneten. Jede Mulde zu zwei Dritteln mit Teig füllen und den Teig mit den Fingern andrücken. Die Plätzchen im vorgeheizten Backofen ca. 15 Minuten backen, etwas abkühlen lassen und dann mit den Fingern nochmals eindrücken. Anschließend die Plätzchen auf die Arbeitsfläche stürzen.

03 In der Zwischenzeit für die cremige Füllung die Sahne mit der klein gehackten Schokolade in einem kleinen Topf kurz aufkochen und anschließend abkühlen lassen. In einer Schüssel die Butter schaumig schlagen, die Schokoladensahne unter Rühren hineingießen und alles zu einer homogenen Creme verrühren. Diese in einen Spritzbeutel mit kleiner Lochtülle füllen. Jeweils 2 Nussplätzchen mit der Creme füllen und anschließend die Hälften leicht zusammendrücken.

TIPP

Für die kleinen Walnusskekse verwende ich eine besondere Backform, die man im Fachhandel oder online bekommt.

ERDBEERROLLE

Für 6 Portionen

BISKUIT:

5 Eier (Gr. M)

1 Prise Salz

125 g Zucker

1 Päckchen Vanillezucker

100 g Mehl

1 Päckchen Vanillepuddingpulver

1 TL Backpulver

FÜLLUNG:

500 g frische oder TK-Erdbeeren

60 g Puderzucker

250 g Mascarpone

250 g Speisequark 40 % Fett i. Tr.

1 Päckchen Vanillezucker

400 ml Schlagsahne

TOPPING:

halbierte oder in Scheiben geschnittene Erdbeeren

Schokoherzen

ZUBEREITUNG:

01 Den Backofen auf 170 °C Umluft vorheizen und ein tiefes Blech mit Backpapier auslegen.

02 Für den Biskuit zunächst die Eier trennen. Das Eiweiß mit Salz, Zucker und Vanillezucker steif schlagen. Das Eigelb verquirlen und nach und nach unterheben. Anschließend das Mehl, das Vanillepuddingpulver und das Backpulver vermengen, auf die Masse sieben und dann unterziehen.

03 Jetzt die Masse auf das vorbereitete Blech geben und glatt streichen. Im Ofen ca. 10 Minuten backen. Den Biskuit herausnehmen und auf ein sauberes Geschirrtuch stürzen, das Backpapier abziehen. Den Biskuit zusammen mit dem Tuch aufrollen und abkühlen lassen.

04 Für die Füllung frische Erdbeeren putzen und in Stücke schneiden, tiefgekühlte auftauen lassen. Die Erdbeeren pürieren, dann in einer Schüssel mit Puderzucker, Mascarpone, Quark und Vanillezucker verrühren. Die Sahne steif schlagen und unterheben.

05 Den Biskuit entrollen und die Hälfte der Erdbeercreme darauf verstreichen. Mit Hilfe des Tuches den Biskuit wieder aufrollen. Die Rolle auf eine Kuchenplatte legen und von außen mit der restlichen Creme bestreichen. Jetzt noch mit Erdbeerscheiben und Schokoherzen dekorieren und vor dem Servieren ca. 2 Stunden kalt stellen.

Aprikosenknödel

Für 8 Portionen

16 Aprikosenhälften aus der Dose
8 TL Aprikosenkonfitüre
500 g Speisequark 40 % Fett i. Tr.
200 g Instantmehl, plus Mehl zum Bestäuben
3 Eigelb
1 TL Zucker
Salz

TOPPING:
150 g Butter
100 g Semmelbrösel
1 EL Zucker
1 Messerspitze Zimt
Puderzucker zum Bestäuben

ZUBEREITUNG:

01 Die Aprikosen in einem Sieb abtropfen lassen. Acht Hälften mit jeweils 1 TL Aprikosenkonfitüre füllen. Die übrigen Aprikosenhälften zur Seite stellen.

02 Den Quark mit dem Mehl, dem Eigelb, dem Zucker und 1 Prise Salz zu einem glatten Teig verrühren.

03 Die Arbeitsfläche mit Mehl bestäuben und den Teig etwas dicker ausrollen. Dann mit einer Tasse acht Kreise ausstechen. Dabei die Tasse immer wieder ins Mehl tauchen. Auf jeden Teigkreis 1 gefüllte Aprikosenhälfte geben und darauf jeweils 1 weitere Aprikosenhälfte legen. Den Teig mit bemehlten Händen verschließen und zu einem Knödel formen.

04 In einem großen Topf leicht gesalzenes Wasser zum Kochen bringen. Die Knödel hineingeben und 5 Minuten kochen lassen, dann bei schwacher Hitze 20–25 Minuten ziehen lassen.

05 Für das Topping die Butter in einer Pfanne schmelzen. Die Semmelbrösel und den Zucker hinzugeben und goldbraun rösten. Zum Schluss den Zimt darüberstreuen und unterrühren.

06 Die Knödel abtropfen lassen und in die Brösel legen. Darin wenden und anschließend auf eine Platte legen und mit Puderzucker bestäuben.

SÜSSE GNOCCHI MIT HIMBEERSAUCE

Für 4–6 Portionen

500 g mehligkochende Kartoffeln

Salz

1 Ei (Gr. M) und 1 Eigelb

2 gehäufte EL Mehl, plus Mehl zum Bestäuben

1 Päckchen Vanillezucker

200 g frische oder TK-Himbeeren

etwas Zucker (je nach Bedarf)

Vanilleeis

ZUBEREITUNG:

01 Zunächst die Kartoffeln in Salzwasser 20–25 Minuten kochen, dann abgießen, pellen und durch die Kartoffelpresse in eine Schüssel drücken. Ei, Eigelb, Mehl, Vanillezucker und 1 Prise Salz dazugeben und alles zu einem glatten Teig kneten. Mit 1 EL Mehl bestäuben und etwas Mehl auf einen Teller geben, um die Hände zu bemehlen. Mit einem Esslöffel jeweils eine Portion von dem bemehlten Teig abnehmen und die Gnocchi zwischen den Handflächen formen. Dabei immer wieder die Hände bemehlen.

02 In einem großen Topf reichlich Wasser mit etwas Salz zum Kochen bringen. Die Gnocchi hineingeben. Wenn sie an die Oberfläche kommen, bei schwacher Hitze noch 10–15 Minuten köcheln lassen.

03 In der Zwischenzeit die frischen oder aufgetauten Himbeeren pürieren und nach Geschmack mit Zucker süßen, dann durch ein Sieb streichen, um die Kerne zu entfernen.

04 Jeweils drei bis vier Gnocchi auf die Teller verteilen, je 1 Kugel Vanilleeis dazugeben und mit Himbeersauce übergießen.

Kaiserschmarren

Für 4 Portionen

4 Eier (Gr. L)
50 g Zucker
2 Päckchen Vanillezucker
1 Prise Salz
130 g Mehl
300 ml Milch
60 ml Mineralwasser mit Sprudel
50 g Rosinen nach Belieben
50 g Butter
Puderzucker zum Bestäuben

ZUBEREITUNG:

01 Die Eier trennen. Die Eiweiße in einer Schüssel mit dem Handmixer steif schlagen – und zwar so steif, dass man die Schüssel umdrehen kann, ohne dass der Eischnee herausfällt.

02 In einer weiteren Schüssel die Eigelbe mit dem Zucker, dem Vanillezucker und dem Salz mit dem Handmixer schaumig schlagen. Nach und nach das Mehl sowie die Milch einrühren. Anschließend das Mineralwasser unterrühren, damit der Kaiserschmarren schön fluffig wird. Falls gewünscht, zum Schluss die Rosinen unterziehen. Nun den Eischnee vorsichtig unter die Masse heben.

03 Die Butter in einer großen Pfanne auf mittlerer Stufe schmelzen. Den Teig hineingeben und gut 4–5 Minuten goldbraun backen. Wenn er etwas fester geworden ist, mit Hilfe von zwei Holzspateln den Teig vorsichtig in kleinere Stücke auseinanderziehen und wenden, damit er von allen Seiten goldbraun gebacken wird. Den Kaiserschmarren vor dem Servieren mit Puderzucker bestäuben.

TIPP

Besonders gut gelingt der Kaiserschmarren in einer gusseisernen Pfanne. Wir essen ihn gern mit Apfelmus oder Vanilleeis.

GRIESSPUDDING MIT KARAMELLISIERTEN BIRNEN

Für 4–6 Portionen

BIRNEN:

4–5 Birnen (je nach Größe)

2 EL Zucker

50 g Butter

6 EL Birnenlikör oder Birnensaft

1 Päckchen Vanille-zucker

½ Zitrone

GRIESSPUDDING:

500 ml Milch

2 EL Zucker

1 Päckchen Vanillezucker

1 Prise Salz

50 g Weichweizengrieß

ZUBEREITUNG:

01 Die Birnen schälen, vom Kerngehäuse befreien und vierteln. In einer Pfanne den Zucker und die Butter erhitzen, bis der Zucker karamellisiert. Die Birnenviertel hinzugeben und kurz in dem Karamell wenden.

02 Birnenlikör oder Birnensaft mit 100 ml Wasser und dem Vanillezucker verrühren und über die Birnen gießen. Die Birnen 30 Minuten köcheln lassen. Den Saft der ½ Zitrone hineinpressen, um die Süße zu reduzieren.

03 Für den Grießpudding die Milch unter ständigem Rühren mit dem Zucker, dem Vanillezucker und dem Salz aufkochen. Anschließend von der Kochstelle nehmen und weiterrühren, dabei den Grieß hineinrieseln lassen. Den Topf zurück auf den Herd stellen und die Milch wieder aufkochen lassen. Den Grießpudding vom Herd nehmen und 5 Minuten zugedeckt ziehen lassen. Anschließend auf Schälchen aufteilen, die Birnen darauflegen und das Ganze mit dem süßen Sud beträufeln.

BANANENWAFFELN

Für 5–6 Portionen

3 reife Bananen

100 g weiche Butter, plus Butter zum Einfetten

Mark von 1 Vanilleschote

4 Eier (Gr. M)

350 g Mehl

2 TL Backpulver

1 Prise Salz

250 ml Milch

Fett für das Waffeleisen

Puderzucker zum Bestäuben

ZUBEREITUNG:

01 Die Bananen mit einer Gabel zerdrücken. Butter und Vanillemark hinzufügen sowie auch die Eier. Alles gut miteinander vermengen. Das Mehl, das Backpulver und das Salz hinzufügen, dann die Milch unterrühren. Die Teigmasse abgedeckt gut 30 Minuten zimmerwarm ruhen lassen.

02 Das Waffeleisen vorheizen und fetten und die Waffeln darin goldbraun ausbacken. Mit Puderzucker bestäuben.

GEFÜLLTE KÜCHLEIN

Für 6 Portionen

125 g Butter oder Margarine, plus Butter zum Einfetten

125 g Zucker

1 Päckchen Vanillezucker

1 Prise Salz

3 Eier (Gr. M)

2 EL Milch

200 g Mehl

1 TL Backpulver

12 Aprikosenhälften aus der Dose

6 TL Aprikosenkonfitüre

Puderzucker zum Bestäuben

ZUBEREITUNG:

01 Den Backofen auf 170 °C Umluft vorheizen und sechs Mini-Gugelhupf-Förmchen einfetten.

02 Die Butter mit dem Zucker, dem Vanillezucker und dem Salz schaumig schlagen. Die Eier nach und nach einrühren. Anschließend die Milch hinzugeben. Das Mehl mit dem Backpulver vermischen und unterrühren, bis eine glatte Masse entsteht.

03 In die Förmchen jeweils 1 gehäuften EL von dem Teig geben. Darauf 1 Aprikosenhälfte legen, mit 1 TL Aprikosenkonfitüre bestreichen und das Ganze mit 1 weiteren Aprikosenhälfte abdecken. Den restlichen Teig ebenso auf die Förmchen verteilen und ganz leicht mit dem Löffel andrücken – dabei vorsichtig sein, damit die Aprikosen nicht verrutschen. Beim Backen setzt sich der Teig von selbst.

04 Die Törtchen im Ofen 20–25 Minuten backen. Anschließend etwas abkühlen lassen, dann aus der Form lösen. Sollten die Törtchen nicht herauskommen, kann man mit einem Teelöffelstiel etwas nachhelfen.

05 Die Törtchen auf einen Teller stürzen und mit Puderzucker bestäuben.

KÄSEKUCHEN

Für 8–10 Portionen

TEIG:

250 g Mehl

150 g Butter, plus Butter zum Einfetten

80 g Zucker

1 Ei (Gr. M)

3 EL Milch

FÜLLUNG:

7 Eier (Gr. M)

200 g Zucker

1 Päckchen Vanillezucker

500 g Speisequark 40 % Fett i. Tr.

500 g Speisequark Magerstufe

400 g saure Sahne

3 EL Mehl

1 Prise Salz

ZUM SERVIEREN:

Puderzucker zum Bestäuben

ZUBEREITUNG:

01 Zunächst für den Teig das Mehl, die Butter, den Zucker, das Ei und die Milch verkneten. Den Teig zu einer Kugel formen, in Frischhaltefolie wickeln und 30 Minuten kalt stellen.

02 Den Backofen auf 170 °C Umluft vorheizen und in der Zwischenzeit eine Springform (ca. 28 cm Ø) einfetten.

03 Für die Füllung 5 Eier trennen. Die Eigelbe zusammen mit den restlichen 2 Eiern sowie dem Zucker und dem Vanillezucker aufschlagen. Nach und nach den gesamten Quark und die saure Sahne sowie das Mehl unterrühren. Das Eiweiß mit dem Salz steif schlagen und unterheben.

04 Den Teig ausrollen, dann Boden und Rand der Backform damit auslegen. Jetzt die Quarkmasse einfüllen und verteilen.

05 Den Kuchen im Ofen auf der untersten Schiene 35 Minuten backen. Dann mit einem Messer zwischen Rand und Masse 1–2 cm tief rundherum einschneiden. Den Kuchen zurück in den Ofen schieben und weitere 45 Minuten backen. Danach den Ofen ausschalten und den Kuchen noch 10 Minuten darin ruhen lassen. Vor dem Servieren mit Puderzucker bestäuben.

Kirschkuchen mit Mandelkruste

Für 8–10 Portionen

TEIG:

200 g Butter, plus Butter zum Einfetten

175 g Zucker

1 Päckchen Vanillezucker

1 Prise Salz

3 Eier (Gr. M)

200 g Mehl

1 Backpulver

2 EL Milch

TOPPING:

2 Gläser Schattenmorellen (insg. 700 g Abtropfgewicht)

3 EL Mandelblättchen

2 EL Zucker

ZUBEREITUNG:

01 Den Backofen auf 170 °C Umluft vorheizen. In der Zwischenzeit eine runde Backform (26 cm Ø) mit etwas Butter einfetten.

02 Die Butter mit dem Zucker, dem Vanillezucker und dem Salz schaumig rühren. Die Eier nach und nach unterrühren. Das Mehl und das Backpulver mischen und in die Teigmasse sieben. Die Milch hinzugeben und alles glatt rühren.

03 Die Schattenmorellen abtropfen lassen. Den Teig hineinfüllen und glatt streichen, zum Schluss die Schattenmorellen darauf verteilen.

04 Den Kuchen ca. 1 Stunde auf der mittleren Schiene backen. Vor Ende der Backzeit (ca. 10 Minuten) mit den Mandelblättchen und dem Zucker bestreuen.

BUTTERKUCHEN

Für 8–10 Portionen

TEIG:
250 g Zucker
3 Eier (Gr. M)
250 ml Schlagsahne
300 g Mehl
1 Päckchen Backpulver
Butter zum Einfetten

BELAG:
125 g Butter
250 g Zucker
3 EL Milch
100 g Mandelblättchen

ZUBEREITUNG:

01 Den Backofen auf 200 °C Umluft vorheizen und ein tiefes Backblech fetten.

02 Für den Teig den Zucker, die Eier und die Sahne verrühren, dann das Mehl mit dem Backpulver hinzugeben und alles glatt rühren. Den Teig auf das vorbereitete Blech geben und glatt streichen. Im Ofen 10 Minuten vorbacken.

03 Für den Belag die Butter schmelzen, dann mit dem Zucker und der Milch verrühren. Die Masse auf den vorgebackenen Kuchen streichen und die Mandelblättchen darüberstreuen. Den Kuchen zurück in den Ofen schieben und noch weitere 10 Minuten backen.

Ein schneller Blechkuchen geht immer!

APRIKOSENKUCHEN VOM BLECH

Für 8–10 Portionen

TEIG:

250 g Butter, plus Butter zum Einfetten

250 g Zucker

5 Eier (Gr. M)

2 Päckchen Vanillezucker

1 Backpulver

400 g Mehl

1 Prise Salz

4 EL Milch

BELAG:

16 Aprikosenhälften aus der Dose

200 g Mandelblättchen

STREUSEL:

100 g Butter

125 g Zucker

150 g Mehl

ZUCKERGUSS:

1 Zitrone

150 g Puderzucker

ZUBEREITUNG:

01 Den Backofen auf 180 °C Umluft vorheizen und ein tiefes Blech einfetten.

02 Für den Teig zuerst die Butter und den Zucker schaumig schlagen, dann die restlichen Zutaten nacheinander hinzufügen und unterrühren. Den Teig gleichmäßig auf dem vorbereiteten Blech verteilen. Dann den Teig mit den Aprikosen belegen und mit den Mandelblättchen bestreuen.

03 Für die Streusel Butter, Zucker und Mehl verkneten, dann die Streusel auf dem Kuchen verteilen. Diesen ca. 45 Minuten backen, bis die Streusel goldgelb sind, dabei in den letzten 10 Minuten mit Alufolie bedecken.

04 Den fertigen Kuchen aus dem Ofen nehmen und abkühlen lassen. Die Zitrone auspressen, den Puderzucker mit dem Saft glatt rühren. Den Zuckerguss über den Kuchen gießen und erstarren lassen.

TIPP

Der Kuchen schmeckt auch mit Äpfeln oder Pflaumen anstelle von Aprikosen gut; in diesem Fall 1 TL Zimt an die Streusel geben. Wer mag, kann den Kuchen alternativ mit Schlagsahne, Früchten und gehackten Pistazienkernen servieren.

REGISTER NACH ZUTATEN

REGISTER NACH REZEPTEN

ÜBER DIE AUTORIN

Die Content Creatorin Janine Fischer begeistert auf ihrem Instagram Kanal @janiniditahiti täglich fast 800.000 Menschen mit ihren Inhalten. Als Zweifach-Mama ist bei ihr im Alltag immer etwas los. Neben ihrem Familienleben dreht sich bei ihr alles um Lifestyle, Fashion, Interior und die Kernsanierung ihres Hauses. Nicht zuletzt ist sie eine leidenschaftliche Köchin und inspiriert ihre Follower*innen regelmäßig auch kulinarisch.

DANKSAGUNG

Obwohl meine Mutter und ich auf dem Cover dieses Kochbuchs zu sehen sind, ist das Buch hier ganz allein ihr gewidmet! Sie hat mich mit viel Liebe großgezogen, und das hat sich auch aufs Essen übertragen – gekocht wurde immer mit einer besonderen Prise Liebe. Deshalb schmeckt alles von Mama ja auch einfach am besten, wie jeder weiß!

IMPRESSUM

Mit einer Prise Liebe – das Familienkochbuch

Vielseitige Rezepte für Groß und Klein

MIX
Papier | Fördert gute Waldnutzung
FSC® C109273

Klimaneutral
Druckprodukt
ClimatePartner.com/20273-2305-1018

1. Auflage

Weyerstraße 88–90
50676 Köln

TEXT: Janine Fischer
FOTOS: Janine Fischer
LAYOUT, DESIGN & SATZ: BUCH & DESIGN Vanessa Weuffel
PROJEKTLEITUNG & REDAKTION: Sarah Völker
LEKTORAT: Carmen Söntgerath

ABBILDUNGSNACHWEIS: Via stock.adobe.com – © Doctor Vector: Icons Kühlschrank & Schneeflocke | © FourLeafLover: Icon Hand mit Münze

Gesetzt aus der Bliss Pro von © Jeremy Tankard und der NOIR et BLANC von © Nicky Laatz.

GESAMTHERSTELLUNG: Community Editions GmbH

ISBN 978-3-96096-283-0

Printed in Poland

www.community-editions.de